KB162752

왜 안중근은 이토 히로부미를 죽였을까?

53
역사공화국
한국사법정

교과서 속 역사 이야기, 법정에 서다

이토 히로부미 vs 안중근

왜 안중근은 이토 히로부미를 죽였을까?

글 이정범 | 그림 박종호

㈜자음과모음

　이 책에서는 안중근 의사가 하얼빈 의거를 일으킨 배경을 살펴보고 아울러 그의 생애와 사상을 알아보고자 합니다.

　황해도에서 부잣집 장남으로 태어난 안중근은 어려서부터 기개가 있고 의협심이 강해서 의롭지 못한 일을 보면 상대가 제아무리 지위가 높아도 끝까지 그 잘못을 바로잡으려 들었습니다. 또한 사격 솜씨가 훌륭했는데, 이는 그의 집안 환경과 관련이 있습니다. 안중근의 집안은 인근에서 손꼽히던 갑부로서 황해도, 평안도 지역의 포수들을 비롯해 수많은 손님들로 늘 북적였습니다. 안중근의 부모님은 집에 찾아온 손님이라면 신분을 가리지 않고 후하게 대접하곤 했지요. 이런 환경에서 자라난 안중근은 자연히 어려운 이웃을 돕고 불의를 보면 참지 못하는 성격을 지니게 되었습니다. 사격술은 포수들을 따라다니며 익혔고, 아버지의 뜻을 받들어 학문에도 게으르지 않았답니다.

1905년에 을사조약이 체결되면서 안중근의 집안에는 큰 변화가 일어났습니다. 을사조약 소식에 아버지가 충격을 받아 숨지자, 안중근은 모든 재산을 털어 교육 사업을 시작했습니다. 하지만 그마저 일본의 방해로 어려워지자, 안중근은 가족들을 놓아둔 채 만주와 연해주를 누비며 독립운동에 뛰어들었습니다.

안중근이 이끌던 독립군 부대는 일본군을 거듭 무찌르다가 큰 위기를 맞습니다. 그때 겨우 목숨을 구한 안중근은 우연히 들른 블라디보스토크에서 이토 히로부미가 하얼빈을 방문한다는 소식을 듣고는 일생 일대의 큰 결심을 하게 됩니다. 세계 각국의 기자들, 외교관들이 지켜보는 가운데 이토 히로부미를 사살하여, 한국을 강제로 지배하려 드는 일본의 야욕을 전 세계에 알리기로 한 것입니다.

안중근은 치밀한 계획을 세운 뒤 하얼빈 역에서 이토 히로부미를 사살함으로써 세계를 놀라게 했습니다. 그리고 옥중에서도 의연하게 한국의 독립을 위해 투쟁하다가 하얼빈 의거 후 꼭 다섯 달 만인 1910년 3월 26일 순국했습니다.

당시 이토 히로부미는 일본인의 존경을 한 몸에 받던 거물 정치인이었습니다. 하지만 우리 민족에겐 우리나라를 침탈한 원흉일 뿐이었지요. 이토 히로부미는 명성 황후를 시해한 배후 인물이며, 강압적으로 을사조약을 맺어 한국 침략의 발판을 마련했습니다. 그래서 우리 민족의 원수로 손꼽히게 되었던 것입니다. 이토 히로부미가 안

왜 안중근은 이토 히로부미를 죽였을까?

중근의 총에 맞아 하얼빈 역에서 목숨을 잃자 국내외 동포들뿐만 아니라 중국인, 심지어 일부 일본인들까지 큰 용기를 얻었고, 안중근의 생애와 하얼빈 의거를 기리는 위인전과 연극, 찬양 시 등을 발표했습니다.

그런데 오늘날 일본인들 중에는 하얼빈 의거를 테러로 깎아내리고 안중근을 한낱 테러리스트로 낮춰 부르는 이들도 있습니다. 안중근의 총에 맞아 하얼빈에서 목숨을 잃었던 이토 히로부미는 '한국 침략의 원흉'으로 비난받는 게 억울하다며 안중근에 대해 소송을 제기했습니다.

과연 이 재판에서 이토 히로부미는 승리할 수 있을까요? 여러분도 배심원의 한 사람이 되어 이토 히로부미와 안중근 중 과연 누구의 의견이 옳은지 판단해 보시기 바랍니다.

이정범

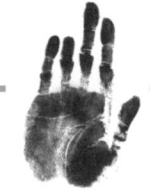

차례

일본이 을사조약을 일방적으로 발표하자 민족의 분노는 극에 달했고, 을사조약에 반대하는 민족의 움직임이 전개되어 갑니다. 대규모 의병 부대가 여러 곳에서 일본군과 전투를 벌였지요. 대표적인 의병장으로 민종식, 최익현, 신돌석을 들 수 있습니다.

| 중학교 | 역사 | VIII. 주권 수호 운동의 전개
　2. 일제의 침략과 의병 전쟁
　　1) 우리 민족은 을사조약에 어떻게 저항하였는가?
　　　-을사조약 반대 투쟁 |
| | | VIII. 주권 수호 운동의 전개
　2. 일제의 침략과 의병 전쟁
　　1) 우리 민족은 을사조약에 어떻게 저항하였는가?
　　　-의거 활동 |

의병장으로 국내외에서 항일전을 전개하고 있던 안중근은 우리나라 침략에 앞장섰던 이토 히로부미를 하얼빈에서 사살하였습니다.

| 고등학교 | 한국사 | V. 근대 국가 수립 운동과 일본 제국주의의 침략
4. 국권 수호 운동을 전개하다
4-2 일제의 침략에 맞선 항일 의병 전쟁 |

국내외를 가리지 않고 매국노와 일본 침략자를 응징한 의사들의 행동이 잇따랐습니다. 나철, 오기호 등은 오적 암살단을 조직하였고, 안중근은 이토 히로부미를 처단하였습니다. 안중근은 자신이 '대한 의군의 참모 중장으로서 독립 전쟁의 일환으로 이토를 죽였으니 형사범이 아니라 전쟁 포로로 대우해 줄 것'을 당당하게 주장하였지요.

1884년	우정국 설치, 갑신정변
1885년	거문도 사건, 배재학당 설립, 서울–인천 간 전신 개통, 광혜원 설립
1886년	육영공원 설립, 이화학당 설립
1894년	동학 농민 운동, 갑오개혁 추진
1895년	을미사변
1896년	아관 파천, 『독립신문』 발간, 독립 협회 설립
1897년	대한 제국으로 국호를 바꿈
1898년	만민 공동회
1904년	제1차 한일 협약
1905년	을사조약, 을사 의병
1907년	고종의 헤이그 특사 파견, 정미 의병, 국채 보상 운동
1908년	전명운·장인환, 스티븐스 암살
1909년	안중근, 이토 히로부미 암살
1910년	안중근 죽음, 한일병합

1884년	청·프 전쟁(~1885)
1885년	청나라·일본, 텐진 조약 체결
1894년	청·일 전쟁
~1895년	
1896년	제1회 올림픽 대회
1898년	청나라, 무술개혁
1899년	헤이그 만국 평화 회의, 청나라, 의화단 운동
1902년	영·일 동맹
1904년	러·일 전쟁
~1905년	
1907년	프·러·영 삼국 협상 성립
1910년	남아프리카 연방 형성
1911년	중국, 신해혁명

원고 이토 히로부미(1841년~1909년)

나는 일본의 대표적인 정치가 이토 히로부미요. 조선에 을사조약을 강요했고, 헤이그 특사 사건을 빌미로 고종을 강제로 퇴위시키는 데 일조했지요. 이것으로 조선인들에게 큰 원한을 샀고, 결국에는 1909년 중국 하얼빈에서 안중근에게 저격당했습니다. 이번 재판에서 나의 죽음의 원통함을 풀고 말겠어요.

원고 측 변호사 나카무라

한일 문제를 전담하고 있는 나카무라 변호사입니다. 안중근은 일본의 위대한 정치인을 죽인 조선의 테러리스트입니다. 그가 영웅으로 칭송되는 것을 이해할 수 없어요.

원고 측 증인 박제순

을사조약 체결에 일조한 외부대신 박제순입니다. 조선을 돕고자 했던 일본의 진심을 읽었기 때문에 협조했던 것이지, 결코 나라를 팔아먹으려고 한 일이 아닙니다.

원고 측 증인 코코프체프

러시아의 재무장관이었던 코코프체프입니다. 당시 일본과 러시아 간 회담을 위해 이토 히로부미 의장을 만났고, 그 자리에서 그가 총에 맞는 것을 목격했지요. 그 끔찍했던 현장을 생생하게 증언하겠습니다.

원고 측 증인 이완용

모두가 나를 매국노라고 손가락질하지만, 나도 나름대로 나라를 위해 일했다고 자부하오, 흠흠. 이토 히로부미 의장에게 받은 은혜가 있기 때문에 많은 이들의 비난에도 불구하고 법정에 섰습니다.

피고 안중근(1879년~1910년)

내가 바로 민족의 원수 이토 히로부미를 죽인 안중
근입니다. 조선의 독립을 위해 교육 사업을 펼치다가
블라디보스토크로 가서 대한 의군 참모 중장으로 활
동했지요. 남의 나라를 삼키는 악행을 저지르고도 나
를 테러리스트라고 몰아가는 저들은 정말 양심 없는
사람들입니다.

피고 측 변호사 이대로

오랜만에 승리를 확신하는 재판을 맡게 되어 기쁩니
다. 안중근 의사의 명예를 훼손한 저들의 코를 납작
하게 해 줄 이대로 변호사입니다. 이번 재판을 기대
해 주세요.

피고 측 증인 홍범도

구한말의 독립운동가였던 홍범도입니다. 만주 대한 독립군의 총사령관이 되어 일본군을 급습했고, 봉오동 전투에서 최대의 승리를 이끈 것으로 유명하지요. 독립군의 투쟁이 얼마나 치열했는지 재판을 통해 알려 드리겠습니다.

피고 측 증인 우덕순

일제에 대항하여 싸운 독립운동가 우덕순입니다. 안중근 의사 밑에서 활동했으며 이토 히로부미를 암살하는 거사에 동참했지요. 우리의 영웅 안중근 의사가 결코 테러리스트가 아니었음을 밝히겠습니다.

피고 측 증인 지바 도시치

나는 피고 안중근 의사의 옥중 생활을 감시했던 지바 도시치입니다. 뤼순 감옥에서 그를 호송하는 간수로 차출되어 지켜본 결과 그는 매우 멋진 사람이었습니다. 비록 내가 일본인이지만 아주 객관적인 입장에서 증언할 테니 내 활약을 기대해 주세요!

"나는 대한 의군으로서 민족의 적인 이토 히로부미에게 총을 겨누었소"

나는 역사공화국 영혼들의 마을에서 제법 인기가 높은 이대로 변호사다. 이번에 내게 변론을 의뢰한 사람은 그 이름도 유명한 안중근 의사다. 잘 모르는 친구들은 안중근 선생이 무슨 병을 고치는 의사냐고 묻고 싶겠지? 여기서 말하는 의사(義士)란 의로운 기개를 가진 지사라는 뜻이다. 그럼 지사는 또 뭐냐고? 나라와 민족을 위하여 자기 몸을 바쳐 일하려는 뜻을 가진 사람을 말한다.

안중근 의사는 남자인 내가 봐도 대한 남아의 기상이 철철 넘치는 분이다. 내가 보기엔 장동건보다 현빈보다 훨씬 멋있다. 안중근 의사가 내 변호사 사무실로 들어섰을 때는 광채가 뻗치는 것만 같았고 사무실이 꽉 차는 느낌이 들 정도였다.

"어서 오십시오, 안중근 의사님! 안 그래도 기다리고 있었습니다."

나는 벌떡 일어서며 안중근 의사에게 고개를 깊이 숙여 인사했다.

"일이 바쁠 텐데 내가 늦지는 않았소?"

"늦다니요. 약속 시간보다 1분이나 먼저 오셨는데요."

"다행이군요. 그나저나 지난번에 전화로 부탁했던 대로 내 변론을 맡아 주시겠소?"

"물론입니다. 안중근 의사님의 변호를 맡게 되어 제가 큰 영광인걸요."

"하지만 승소를 하더라도 수임료를 줄 수가 없소이다."

안중근 의사의 말에 나는 김이 빠졌다. 이토 히로부미가 안중근 의사에게 목숨을 잃은 것과 한국인의 원수로 알려진 게 억울하다며 소송을 제기했다는 말을 듣고, 이번 재판은 틀림없이 안중근 의사가 승소할 거라고 믿었다. 그래서 안중근 의사의 변론을 맡으면 쉽사리 돈을 벌게 될 줄 알았는데 이게 무슨 아찔한 이야기란 말인가.

"네에? 하지만 저도 사무실 운영하고 여기 직원들 월급 주려면 돈이 좀 필요한데……."

내가 궁색하게 사정을 늘어놓자 안중근 의사는 한심하다는 듯 혀를 찼다.

"쯧쯧! 내 변호를 맡은 것만으로도 영광이라더니, 결국 목적은 돈이었소?"

"그게 아니라……."

"내가 알기로 이대로 변호사는 역사공화국에서 돈을 제법 잘 번다던데, 이번에 큰맘 먹고 사회에 기부 좀 하지요?"

"네에? 제가 재벌도 아닌데 무슨 기부를 해요?"

"재벌이나 돈 많은 기업가만 기부하는 게 아니오. 이번에 내가 이기면 배상금을 청구할 건데, 그 배상금 액수가 얼마이든 모두 불우한 청소년들을 돕는 데 쓰기로 했소. 그러니 이대로 변호사도 그 기부에 동참하는 셈 치고 무료로 변론을 맡아 주시오."

나는 결국 안중근 의사의 뜻을 따르기로 했다. 하긴 나라의 독립을 위해 모든 재산뿐만 아니라 목숨까지 바친 분에게 수임료를 받는건 염치가 없는 일이다. 안중근 의사와 같은 애국지사가 없었다면

왜 안중근은 이토 히로부미를 죽였을까?

내가 역사공화국에서 변호사로 활약할 수도 없었을 테니까.

그날부터 나는 안중근 의사가 쓴 자서전과 『동양 평화론』, 학자들의 연구 논문 수백 편을 읽으며 변론을 준비했다.

이토 히로부미의 변론은 나카무라 변호사가 맡았다. 이번에도 그자의 코를 납작하게 만들어 다시는 도전할 엄두를 내지 못하게 할 생각이다.

안중근이 살던 시대

1879년 황해도 해주의 안 진사 댁에서 태어난 아이는 가슴에 일곱 개의 까만 점이 있었습니다. 그래서 사람들은 아이의 이름을 '응칠'이라고 지었지요. 어린 시절에 응칠이는 성격이 급하고 고집도 무척 세어 무슨 일에나 자기 뜻을 굽히지 않았습니다. 그래서 응칠의 할아버지는 아이의 이름을 고치기로 마음먹었습니다. '급한 성격을 가라앉혀서 뿌리를 내리고 무겁게 행동하라'는 뜻에서 '중근'이라고 이름을 지었지요.

그로부터 20여 년 뒤인 1905년에 우리나라는 일본의 강압으로 을사조약을 맺게 됩니다. 이 조약으로 인해 우리나라의 외교 기관은 전부 폐지되었고, 이듬해인 1906년에는 한성에 통감부가 설치되지요. 초대 통감으로는 이토 히로부미가 임명되었고요. 이에 장지연은 11월 20일 자 『황성신문』에 「시일야방성대곡」이라는 글을 실었습니다. 장지연은 이 글에서 일제 침략의 원흉인 이토 히로부미를 비난하고 을사조약에 찬성한 우리나라 관료들을 매국노라고 비난하였어요.

한편 나라가 위태로운 시기에 안중근은 나라를 위해 무슨 일이든 하고자 했습니다. 그래서 진남포에서 삼흥 학교를 세웠어요. 우리나라의 앞날을 위해 학생들을 가르치고 키우는 데 몰두하던 안중근은 외국에서 우리의 군대를 훈련시키고 있다는 소식을 접하게 됩니다. 안중근은 나라를 위해 자신의 몸을 바친다는 각오로 힘든 길을 떠나지요.

안중근은 러시아의 블라디보스토크로 가서 의병을 모았습니다. 그리고 일본군과 크고 작은 전투를 벌이지요.

그러던 차에 안중근은 신문에서 일본의 이토 히로부미가 만주의 하얼빈에 온다는 기사를 읽게 되었습니다. 1909년 10월의 일입니다. 안중근은 긴 외투를 입고 권총을 호주머니에 넣은 다음 하얼빈으로 출발했지요. 그리고 이토 히로부미가 기차에서 내리고 군악대가 연주하는 틈을 타서 주머니에서 권총을 뽑아 들었습니다. "탕! 탕! 탕!" 안중근의 손에 들린 권총에서 총알이 거침없이 터져 나왔습니다.

원고 | 이토 히로부미	대리인 | 나카무라 변호사
피고 | 안중근	대리인 | 이대로 변호사

청구 내용

나 이토 히로부미는 가난한 농부의 아들로 태어나 서양에서 유학을 마쳤으며 일본의 근대화를 이끈 선구자였습니다. 또한 그런 공을 인정받아 네 차례나 내각 총리대신으로 임명될 정도로 존경받던 정치가였습니다. 그래서 나는 도요토미 히데요시와 함께 일본에서 가장 유명한 사람으로 손꼽히기도 합니다.

나는 조선 통감의 임기를 마치고 일본으로 돌아가 활동하던 중, 1909년 10월 러시아의 코코프체프 재무장관과 회담하기 위해 하얼빈에 도착했으나 이렇다 할 회담도 열지 못한 채 피고 안중근의 흉탄에 맞아 그만 목숨을 잃고 말았습니다. 그 일로 일본과 러시아의 관계가 큰 위기를 맞았으며, 특히 한국인들은 나를 가리켜 '한국 침략의 원흉'이 잘 죽었다며 크게 환호했으니 이런 망발이 어디 있단 말입니까?

나는 처음부터 일본을 중심으로 한국과 중국 세 나라가 서로 손잡고 서양 세력으로부터 아시아를 지켜 내려고 했습니다. 이를 위해 1905년에는 을사조약을 맺어 한국의 외교권을 우리 일본이 가짐으로써 한국이 서양 강대국에게 불평등한 대우를 받지 않도록 보호하려고 했습니다. 한마디로 나 이토 히로부미가 한국인에게 큰 은혜를 베풀었던 것입니다. 그래서 이완용 등 한국의 대신들은 나를 스승처럼 섬기며 따랐는데, 무지몽매한 백성들은 오히려 내 명예를 더럽혔으니 그것은 바로 피고 안중근의 무모한 도발 때문이었습니다.

따라서 나는 안중근이 테러리스트라는 사실을 밝히고 나의 억울함을 알리기 위해 피고 안중근을 고소하며 정신적·물질적 손해에 대해 배상을 청구하고자 합니다.

입증 자료

- 중학교 역사 교과서
- 고등학교 한국사 교과서
  그 외 자료 추후 제출하겠음.

위 청구인 이토 히로부미
역사공화국 한국사법정 귀중

일본은 왜 한국을 지배하려고 했을까?

교과연계

한국사
V. 근대 국가 수립 운동과 일본 제국주의의 침략
4. 국권 수호 운동을 전개하다
4−2 일제의 침략에 맞선 항일 의병 전쟁

1 한국을 침략하기 위한 일본의 전략

판사 지금부터 재판을 시작하겠습니다. 방청객과 배심원 여러분은 모두 자리에 앉아 주세요. 먼저 원고 측 변호인, 이번에 소송한 이유를 설명하세요.

나카무라 변호사 존경하는 판사님과 배심원 여러분, 원고는 일본에서 훌륭한 정치가로 존경받았고, 그 당시 국제 사회에서도 이름이 높았습니다. 이런 원고가 후세에 들어 박한 평가를 받는 것은 바로 피고 때문입니다. 피고는 원고를 총으로 암살한 일개 **테러리스트**에 불과하지만, 한국에서는 영웅 대접을 받고 있습니다. '이토 히로부미 같은 놈' 같은 차마 입에 담지 못할 욕설이 있는가 하면, 누리꾼들은 원고를 향해 마구 악플을 단다고 합니다. 원고는 억울하게 죽은 것으로도 모자라 이런 모욕을 당하고 있습니다. 판사님과 배심원 여러

왜 안중근은 이토 히로부미를 죽였을까?

분들의 현명한 판단으로 원고의 억울함을 풀어 주세요.

판사　나카무라 변호사는 피고가 테러리스트라고 주장하는군요.

나카무라 변호사　당연합니다. 피고는 자신의 개인적인 감정 때문에 다른 나라의 수장을 죽인 암살범입니다. 그런데도 원고가 의로운 일을 했다며 '안중근 의사'라고 추앙받는 것이 이해되지 않습니다. 테러리스트가 영웅으로 존경받는 일은 없어야 합니다. 당시 원고는 대한 제국, 청나라, 일본이 함께 힘을 합쳐 미국, 영국, 러시아 등 서양 열강의 침략에 맞서야 한다고 주장했습니다. 그런데 피고가 저지른 만행으로 인해 한국과 일본의 평화가 깨지고 말았습니다. 그러므로 이제라도 피고에 대한 평가가 바뀌어야 합니다.

그때 이대로 변호사가 웃음을 터뜨렸다.

이대로 변호사　하하하하! 정말 웃기는군.

판사　이대로 변호사, 재판 중에 웬 소란입니까?

나카무라 변호사　판사님, 지금 피고 측 변호인은 신성한 법정을 모독하고 있습니다.

판사　인정합니다. 피고 측 변호인은 언행에 주의하세요.

이대로 변호사　죄송합니다. 원고 측 변호인의 주장이 어이가 없어서 말이죠. 원고가 서양 열강을 견제하기 위해 동양 평화를 주장한

테러리스트
정치적인 목적을 위하여 계획적으로 폭력을 쓰는 사람을 가리키는 말입니다.

수장
위에서 중심이 되어 집단이나 단체를 지배하거나 이끄는 사람을 가리키며 우두머리와 같은 말입니다.

것은 맞습니다. 하지만 원고가 주장한 동양 평화론은 한국을 침략할 야욕을 감추기 위한 술수에 불과합니다. 원고는 평화라는 명분을 내세워 한국을 침략하고 더 나아가 한국을 일본의 속국으로 만들려는 야심을 품지 않았습니까?

나카무라 변호사   아닙니다. 1900년 초부터 러시아는 만주에 군대를 주둔시키면서 청나라 영토를 강제로 차지하고 있었습니다. 만주는 완전히 러시아의 손아귀에 들어갈 위기에 처했고, 러시아의 남하에 따라 한국도 침략의 위협을 받게 되었습니다. 1903년에 러시아가 압록강 상류의 용암포까지 점령하자 한국에서는 러시아를 경계해야 한다는 목소리가 높아졌습니다. 이에 원고는 한국, 중국, 일본 삼국이 러시아에 맞서 싸워야 한다고 주장하며 삼국 동맹을 제의하였습니다. 일본은 동양의 평화를 지키기 위해 ▶1904년 러시아와 전쟁을 벌였고, 이 전쟁에서 승리하여 서양 세력은 한국과 청나라를 함부로 침략할 수 없게 되었습니다. 원고가 동양 평화에 이바지했다는 사실을 의심하지 마세요.

이대로 변호사   일본은 러일 전쟁을 일으킨 지 2주 후에 한국을 협박해 한일 의정서를 체결했습니다. 일본의 목적은 한국을 병참 기지로 만들어 전쟁에 필요한 자원을 강제로 거두는 것이었습니다. ▶▶한일 의정서에는 "양국은 평화를 유지하고 일본은 한국의 독립과 영토 보전을 확실히 보증한다"고 되어 있습니다. 겉으로 봐서는 일본이 대한 제

교과서에는

▶ 한국 지배와 동아시아의 주도권 장악을 둘러싸고 벌인 러일 전쟁의 승자는 일본이었습니다. 미국과 영국의 지원을 받은 일본은 러시아를 물리치고 한국을 식민지로 삼을 수 있는 발판을 구축하였지요.

▶▶ 1904년에 체결한 한일 의정서 제1조에는 '한일 양국은 영원히 변함없는 친교를 유지하고, 동양 평화를 확립하기 위하여 대한 제국 정부는 대일본 제국 정부를 확신하고 시정 개선에 관한 충고를 들을 것'이라고 되어 있었습니다.

국의 독립을 인정하고 동양 평화를 확립하려는 것처럼 보이지만, 이 조약으로 인해 일본은 합법적으로 한국 영토를 마음대로 사용하면서 내정을 간섭할 수 있게 되었습니다.

나카무라 변호사 일본이 러시아를 견제했기 때문에 한국이 서양의 간섭에서 벗어날 수 있었다는 것을 왜 부정하시나요? 서양 세력을 무찌른 일본의 승리는 바로 한국을 비롯한 동아시아의 승리를 의미하는 것이었습니다.

이대로 변호사 한국의 승리라고요? 한국은 사실상 러일 전쟁의 최

내정
나라 안의 정치를 이르는 말로, 다른 나라에서 이래라 저래라 할 수 있는 것이 아닙니다.

원흉

못된 짓을 한 사람들의 우두머
리를 가리키는 말입니다.

대 피해국이었습니다. 러시아와 일본 군사들은 한반도로 들어와 재산을 약탈하고 사람들을 마구 죽이는 행패를 부렸습니다. 그 일로 물가까지 폭등해 한국인들의 고난이 이만저만이 아니었습니다. 게다가 일본이 전쟁에서 승리했는데도 동양에는 평화가 찾아오지 않았습니다. 오히려 일본은 강제로 을사조약을 체결하여 한국의 외교권을 박탈했죠. 원고가 주장한 동양 평화론의 정체가 바로 이런 것입니다. 원고는 러시아의 방해 때문에 한국을 식민지로 만들려는 계획이 물거품이 될까 두려웠습니다. 그래서 한국을 침략할 의도를 숨긴 채 동양 평화라는 명분으로 전쟁을 일으켰고, 전쟁에서 승리하자 을사조약을 맺도록 강요한 것입니다. 이에 피고는 침략 정책을 펼친 원고를 제거해 조선을 독립시키고 진정한 동양 평화를 이룩하려고 하였습니다.

나카무라 변호사 피고가 무력을 이용해 한 나라의 총리대신까지 지낸 정치인을 암살한 것은 명백한 테러입니다. 무력은 어떠한 경우에도 정당화될 수 없습니다. 피고는 단순히 울분을 참지 못하고 순간적으로 범죄를 저지른 테러리스트에 불과합니다. 당시 일본 정부에서 피고를 나라의 정치 영웅을 죽인 암살자라고 비난한 것도 이때문입니다.

이대로 변호사 각국에서 온 사람들 수백 명이 지켜보는 가운데 떳떳하게 의거를 일으키고 "대한 제국 만세!"를 부른 사람이 어떻게 암살자입니까? 원고가 한국 침략의 원흉으로 불리며 한국인들의 미움을 샀다는 사실을 외면하려고 하지 마십시오. 피고의 행동은 일본의 지배를 받고 있는 한국 입장에서는 의로운 일이었으며, 이 때문에 지금까지도 칭송을 받고 있는 것입니다.

이대로 변호사의 말에 이토 히로부미가 발끈했다.

이토 히로부미   의로운 행동이라니! 이대로 변호사는 살인을 용납할 수 있단 말이오? 참으로 양심 없는 변호사로군. 나는 안중근 저자를 절대로 용서할 수 없소!

나카무라 변호사   원고의 말처럼 피고의 행동은 의거가 아니라 테러였습니다. 따라서 피고를 의사가 아닌 테러리스트라고 부르는 게 마땅합니다. 그러니 피고 측 변호인은 의거나 의사라는 표현을 삼가세요.

판사   어떤 사실이든 시시비비는 제가 따집니다. 그러니 원고 측에선 정숙하기 바랍니다.

나카무라 변호사   뭐, 알겠습니다. 그런데 제가 알기로 피고는 어려서부터 총을 가까이하며 사격하는 것을 좋아했다고 하는데, 그런 환경에서 자라다 보니 폭력적인 성향을 가지게 된 것이 아닐까요? 피고는 폭력적인 사람이었기 때문에 원고를 총으로 쏜 것이 확실합니다.

이대로 변호사   피고는 어려서부터 성격이 활달해 사냥하는 것을 좋아했습니다. 불의를 보면 참지 못해 많은 친구들이 그를 대장처럼 따랐습니다. 그런가 하면 주변에 어려운 일을 당한 사람이 있으면 발 벗고 나서서 끝까지 해결해 주기도 했죠. 그래서 피고를 아는 사

> **의사**
> '의로운 지사'라는 뜻으로 열사와 비슷한 말입니다. 그런데 한국의 독립운동가는 의사와 열사가 약간 다르게 구분되고 있어서, 일반적으로 무력을 통해 항일 운동을 벌인 사람은 의사(안중근 의사, 윤봉길 의사 등)라 하고 무력을 쓰지 않고 항일 운동을 한 사람은 열사(이준 열사, 유관순 열사 등)라고 부릅니다.

이토 히로부미를 저격한 안중근 의사

람들은 그를 진심으로 존경했습니다. 판사님, 피고의 이야기를 들어 보기 위해 피고에게 몇 가지 질문하는 것을 허락해 주십시오.

판사　좋습니다.

　판사의 말이 끝나자 근엄한 표정의 안중근 의사가 자리에서 일어났다. 중저음의 목소리가 법정 안에 퍼지자 모두들 숨을 죽인 채 그를 바라보았다.

이대로 변호사　피고는 어렸을 때 자라 온 이야기를 간단히 해 주시겠습니까?

안중근　나는 1879년 황해도 해주에서 태어났어요. 태어날 때부터 가슴에 점이 일곱 개 있었는데, 부모님은 이를 북두칠성의 기운을 타고난 증거라고 여겨 내 이름을 '응칠'이라고 불렀지요. 열여섯 살에 결혼하기 전까지는 응칠이라는 이름을 사용했습니다. 할아버지는 황해도에서 손꼽히는 부자여서 쌀을 수천 석씩 수확할 정도로 넓은 땅을 가지고 있었고 집도 매우 컸어요. 진해 현감을 지낸 할아버지는 성품이 어질고 살림도 넉넉하여 가난한 사람들을 많이 도와주었습니다. 아버지는 소과에 급제해 진사가 되었지만 할아버지처럼 벼슬을 지내지는 않았지요.

이대로 변호사　아버지가 벼슬을 하지 않은 이유가 있나요?

안중근　아버지는 학문에 대한 식견이 높았으며, 조선을 개화하는 일에 관심이 많았습니다. 개화당에서는 실력 있는 젊은이들 70명을 뽑아 일본으로 유학을 보낼 계획이었는데, 이때 아버지도 유학생으로 뽑혔지요. 하지만 갑신정변이 삼일천하로 끝나게 되어 아버지의 꿈은 물거품처럼 사라졌어요. 아버지는 점점 기울어 가는 나라의 운명을 탄식하며, 벼슬을 지내느니 차라리 깊은 산골로 들어가 농사나 짓는 것이 낫다고 생각하셨습니다. 그래서 우리 식구들은 황해도 신천군 청계동으로 이사하게 되었지요. 그게 여섯 살 때 일인데, 난 이때부터 글을 배우고 공부를 시작하였어요. 특히 역사책을 많이 읽었는데, 역사를 공부한 것이 훗날 독립운동을 하는 데 많은 도움이 되었어요

이대로 변호사 사격에 흥미를 가지게 된 것은 언제부터이죠?

안중근 내가 살던 곳은 깊은 산속이라 짐승들이 많았어요. 그렇다 보니 평안도나 황해도 포수들로 북적거릴 때가 많았지요. 포수들은 우리 집을 찾아와 며칠씩 쉬어 갔는데, 나는 따분한 글공부보다 포수 아저씨들을 따라다니는 일에 더 재미를 느꼈어요. 한번은 포수 아저씨들과 함께 산을 오르게 되었는데, 아저씨들이 총을 쏘며 사냥을 하는 모습이 멋져서 가르쳐 달라고 조르기도 했지요. 나는 훗날 장군이 되어 어려운 사람들을 돕겠다고 다짐하며 산과 들을 누비면서 사격 솜씨를 갈고 닦았습니다.

이대로 변호사 그렇다면 학문을 익히는 데에는 소홀했겠네요.

안중근 처음에는 공부보다는 말 타고 사냥하는 일에 더 많은 시간을 보냈어요. 이 사실을 안 아버지가 훌륭한 장군이 되려면 책을

더 많이 읽고 공부를 열심히 해야 한다고 타일렀지요. 나는 아버지 말씀을 따라 열심히 글공부를 하면서 틈틈이 사격 연습도 했어요.

이대로 변호사 답변 감사합니다.

이렇듯 피고는 사격 실력이 뛰어났을 뿐만 아니라 학문적 **소양**도 높았습니다. 훗날 피고가 『동양 평화론』과 같은 글과 수많은 붓글씨를 남길 수 있었던 것도 어렸을 때 학문을 열심히 갈고 닦은 결과였습니다. 이런 피고가 폭력적이라고 주장하는 것은 어불성설입니다. 또한 피고는 천주교 신자로 누구보다 천주교 교리를 열심히 익히고 배워 그것을 실천하는 데 앞장섰습니다. 특히 모든 인간은 평등하고 존엄하다는 천주교의 가르침에 대해 깊은 믿음을 가지고 있었습니다. 피고의 호인 '도마'는 세례명인 토머스에서 따온 이름이죠.

판사 피고가 천주교 신자였다니 놀라운데요.

이대로 변호사 피고가 세례를 받을 무렵에는 천주교가 마침내 신앙의 자유를 얻게 된 때였습니다. 그런데 프랑스 신부들은 한국인들이 일본 때문에 어려움을 겪고 있는 것은 거들떠보지 않고 오로지 천주교를 전하는 일에만 관심을 두었습니다. 그런 데다 한국인을 무시하여 걸핏하면 욕을 하거나 때리기 일쑤였습니다. 이를 못마땅하게 여긴 피고가 신부와 맞서 싸운 일도 있었습니다. 피고는 잘못된 일이라고 생각되면 상대가 제아무리 높은 사람이라도 기개 있게 맞서는 사람이었습니다.

나카무라 변호사 바로 그런 점 때문에 피고가 폭력적이라고 하는

것입니다. 피고는 걸핏하면 싸우길 좋아했고 어려서부터 사격을 배웠습니다. 그러니 하얼빈 역의 인파들 속에서도 원고를 정확히 겨냥할 수 있었던 게 아닙니까? 피고는 분명히 폭력적인 방법으로 원고를 사살했습니다.

이대로 변호사   그러나 이번 사건에서는 피고가 왜 그런 극단적인 방법을 택해야만 했는지 그 이유를 따져 봐야 합니다. 그래야 피고의 행위가 의거인지 테러인지 규정할 수 있기 때문입니다. 아까도 말했듯이, ▶일본은 러일 전쟁에서 승리한 후 한국을 본격적으로 간섭하기 시작했습니다.

교과서에는

▶ 세계 열강으로부터 한국에 대한 독점 지배를 인정받은 일본은 군대로 궁을 포위하였습니다. 그리고 고종과 대신들을 위협하여 조약 체결을 강행하였지요.

일본의 억압이 점점 심해지면서 한국인들은 무력 투쟁 외의 절차나 방법으로는 독립의 뜻을 나타낼 수가 없었습니다. 이러한 때에 피고는 조국의 독립을 되찾기 위해서는 무력을 사용하는 방법밖에 없다고 판단한 것입니다.

나카무라 변호사 피고가 원고를 저격한 것은 단순히 오해와 무지에서 비롯된 충동적인 행위였습니다. 만약 원고가 죽지 않았다면 조선의 모습은 달라졌을지도 모릅니다. 일본의 정치 영웅이었던 원고가 한국인에게 사살되자 일본 정부에서는 이에 대응해야 한다고 판단했습니다. 그래서 한국을 보호국으로 삼고 1910년에 한일 병합 조약을 체결했던 것입니다. 피고가 하얼빈 역에서 원고를 죽인 지 1년도 안 되어 일어난 일입니다. 피고의 잘못된 선택과 어리석은 행동은 오히려 한국의 식민지화를 앞당기는 원인이 되었습니다.

이대로 변호사 원고 측 변호인의 말은 일본 극우 단체의 주장과 일맥상통하는군요. 일본의 일부 교과서에는 한일 강제 병합을 피고의 하얼빈 의거 탓으로 돌리는 문구가 있습니다. 한일병합이 일어난 것이 피고와 조선 때문이라는 말도 안 되는 주장을 함으로써 책임을 회피하려는 것입니다. 하지만 일본 정부는 피고가 의거를 일으키기 훨씬 전에 이미 한국을 강제로 병합하기로 결정했습니다. 다만 국제적 명분을 얻기 위해 잠시 눈치를 살피고 있었던 것뿐입니다.

원고가 내각 총리대신으로 집권하고 있을 때에도 일본의 조선 침략은 단계별로 진행되고 있었습니다. 그러므로 판사님, 일본이 어떤 방법으로 조선 침략을 추진했는지, 그 과정에서 원고는 어떤 역할을

왜 안중근은 이토 히로부미를 죽였을까?

하였는지 살펴봐야 합니다. 원고를 중심으로 한 일본의 조선 침략은 피고가 의거를 일으키기로 결심한 결정적인 동기가 되었기 때문입니다.

판사 좋습니다. 피고 측 변호인은 그 부분에 대해서 진술하세요.

이대로 변호사 일찍이 일본은 조선과 강화도 조약을 맺어 조선을 간섭하기 시작했습니다. 강화도 조약은 조선 침략의 발판이 된 불평등한 조약이라는 것은 역사공화국 재판에서 이미 밝혀진 바가 있습니다. 강화도 조약 이후 일본의 간섭은 더욱 심해져서 조선은 국권을 강탈당할 처지에까지 이르렀습니다. 그 뒤 일본의 침략 의도를 잘 보여주는 사건 중 하나가 을미사변입니다.

판사 을미사변이라면 조선의 왕비가 시해당한 일을 말하는 것이죠?

이대로 변호사 네. 명성 황후 시해 사건이 을미년인 1895년에 일어나서 '을미사변'이라고 부릅니다. 그해 늦가을에 ▶경복궁에 일본의 낭인 수십 명이 침입해 들어와 명성 황후를 시해하는 일이 벌어져 온 나라가 충격에 빠졌습니다. 남의 나라 궁궐에 들어가 왕비를 무참히 죽인 일본의 만행은 조선의 백성들은 말할 것도 없고, 한성에 있던 외국인들까지 분노하게 만들었습니다. 일본 낭인들은 새벽에 경복궁 정문인 광화문으로 들이닥쳐 담을 넘어 경복궁으로 침입하였습니다. 이들 무리는 명성 황후의 침전인 옥호루로 달려가 명성 황후와 시녀들을 마구 벤 뒤

시해
부모나 왕을 죽이는 것을 가리키는 말로 '시살'이라고도 합니다. '명성 황후 시해'와 같이 쓰이지요.

낭인
일정한 직업이 없이 이리저리 떠돌아다니며 빈둥빈둥 노는 사람을 말합니다.

교과서에는

▶ 일본은 조선 침략에 방해가 되는 명성 황후를 시해하는 만행을 저지릅니다.

증거를 없애기 위해 시체를 불에 태우는 극악무도한 범죄를 저질렀습니다.

판사   일본이 명성 황후를 시해한 이유가 무엇입니까?

이대로 변호사   민씨 정권은 당시 일본과 앙숙이었던 러시아의 도움을 얻어 일본을 몰아낼 계책을 세웠습니다. 명성 황후는 고종을 설득하여 러시아에 접근해야 한다고 주장하였고, 그를 위해 박영효 등 친일파 개혁 세력을 몰아내고 친러파로 구성된 정부를 만들려고 했습니다. 이렇게 명성 황후가 일본을 멀리하고 러시아와 가깝게 지내자 일본 정부는 명성 황후를 눈엣가시로 여겼습니다. 일본은 조선을 침략하기 위해서 조정에 친일파 대신을 앉혀 놔야 했고, 이를 위해 일본에 적대감을 가지고 있는 명성 황후를 반드시 죽여야 할 대상으로 보았습니다. 그래서 결국 명성 황후 시해 사건을 일으키게 되는데, 원고가 바로 그 일의 배후였습니다. 판사님, 원고를 신문하게 해 주세요.

그러자 갑자기 법정이 방청객들의 웅성대는 소리로 소란스러워졌다. 방청객들은 이대로 변호사의 말을 믿을 수 없다는 표정이었다.

"이토 히로부미가 명성 황후를 시해한 배후라니, 과연 그 말이 사실일까?"

이대로 변호사의 예상치 못한 발언에 나카무라 변호사도 당황할 수밖에 없었다.

나카무라 변호사   그, 그게 무슨 말입니까? 피고 측 변호인은 지금 말도 안 되는 주장을 하고 있습니다.

이대로 변호사   말을 더듬는 것을 보니 찔리는 거라도 있나요? 원고를 신문해 보면 진실이 밝혀지겠지요.

판사   모두 정숙하세요. 만약 원고가 을미사변에 개입했다는 것이 사실이라면 이는 무시할 수 없습니다. 그러니 원고에 대한 피고 측 변호인의 신문을 허락합니다.

이대로 변호사   감사합니다. 원고는 제 질문에 답해 주시기 바랍니다. 피고가 하얼빈 의거를 일으키고 재판을 받을 때 원고를 사살한

열다섯 가지 이유를 들었는데, 그중 첫 번째 이유가 무엇인지 알고
있습니까?

이토 히로부미   내가 알 게 뭐요?

이대로 변호사   열다섯 가지 이유 중 첫 번째는 명성 황후를 시해한
죄입니다. 원고의 지시가 있었기에 그 부하들이 경복궁에 침입해 명
성 황후를 죽일 수 있었겠지요.

이토 히로부미   날 그런 폭도로 몰다니 정말 불쾌하기 짝이 없군요.
을미사변은 낭인들이 저지른 일로 나나 일본 정부와는 아무 관련이
없소이다.

이대로 변호사   낭인이라면 일정한 직업 없이 놀고먹는 사람을 뜻
하는 말 아닙니까?

이토 히로부미   그렇소. 대개 낭인은 깡패나 폭력 집단을 가리키는
데, 일본에서 최고 엘리트였던 내가 그런 천한 무리들과 관련이 있
다는 게 말이 되는 소리요?

이대로 변호사   을미사변의 주범이 낭인이라는 일본 정부의 발표
와는 달리, 실제로 명성 황후를 죽인 사람들은 대학을 졸업했거나
외국 유학까지 다녀온 젊은 지식인과 장교들이었습니다. 을미사변
이 끝난 뒤에는 저마다 높은 벼슬을 얻어 부귀영화를 누리며 살았
죠. 그들은 결코 낭인들이 아니었습니다. 일본 정부가 이런 지식인
들을 끌어들여 을미사변을 일으킨 것은 그들이 가장 믿을 만했기 때
문입니다. 그런데도 일본 정부는 낭인들이 우연히 경복궁으로 들어
가 명성 황후를 살해한 것처럼 말을 꾸며 댔습니다.

이토 히로부미　　글쎄, 나는 모르는 일이라니까요. 아까 말했듯이 을미사변은 낭인 무리가 일으킨 것이니 자꾸 엉뚱한 추궁을 하지 마시오.

이대로 변호사　　자꾸 발뺌하시니 어쩔 수 없군요. 그렇다면 이노우에 가오루도 모른다고 하지는 않겠죠?

이토 히로부미　　이노우에 가오루는 나와 같은 고향 출신으로 내 동창이기도 하오. 그런데 그건 왜 물으시오?

이대로 변호사　　이노우에 가오루는 조선에서 일본 공사로 있으면서 오랫동안 치밀하게 을미사변을 준비한 사람입니다. 그는 명성 황후를 시해할 준비를 모두 마치고 일본으로 돌아갔죠. 이노우에 가오루는 명성 황후 시해에 '여우 사냥'이라는 작전명을 붙여 을미사변을 일으켰습니다. 그리고는 을미사변을 마치 깡패들이 저지른 예상치 못한 사건인 듯 속였습니다. 그런데 당시 일본 정부의 최고 책임자였던 원고가 이러한 사실을 모른다는 것이 말이 됩니까? 이노우에 가오루가 원고와 상의한 뒤 명성 황후를 없앴다는 것을 바보가 아닌 이상 쉽게 추측할 수 있겠죠. 그렇기에 피고는 원고를 저격한 첫 번째 이유로 명성 황후 시해 사건을 들었던 것입니다.

이토 히로부미　　그, 그것은…….

이대로 변호사가 이토 히로부미를 몰아붙이자 나카무라 변호사가 상황을 수습하기 위해 재빨리 나섰다.

나카무라 변호사　　피고 측 변호인의 말은 모두 추측일 뿐입니다. 을미사변을 저질렀다는 혐의를 받고 감옥에 수감되었던 일본인들은 재판에서 증거가 충분하지 않다는 이유로 풀려났습니다. 이들은 모두 무죄 선고를 받았으니 원고는 을미사변과 전혀 관련이 없다고 할 수 있겠죠.

이대로 변호사　일본이 사건 관계자들을 구속하고 재판을 한 것은 쇼에 불과했습니다. 일본은 사건의 진상을 철저히 숨기려고 했지만 당시 궁궐에 머무르고 있던 외국인들에 의해서 일본의 만행이 전 세계에 알려지게 되었습니다. 사태의 심각성을 깨달은 일본은 한 나라의 국모를 시해했다는 국제 사회의 비난을 피하기 위해 재판을 열었지만, 처벌받은 사람은 단 한 사람도 없었습니다. 오히려 을미사변의 주범들은 일본에서 영웅처럼 떠받들어지기까지 했습니다.

나카무라 변호사　저는 무능한 조선 정부에 문제가 있었다고 봅니다. 조선 정부에서는 왕비가 시해된 마당에도 그냥 손을 놓고 어물쩍거리다가, 을미사변이 일어나고 두 달이 지난 뒤에야 명성 황후의 승하를 정식으로 발표하였지요. 이처럼 조선 정부는 일본에 강력하게 책임을 묻지 않고 그냥 넘어가려고 했습니다. 게다가 고종 황제는 자신도 그처럼 죽을지 모른다고 겁을 먹고 1년 동안이나 왕궁을 떠나 러시아 공사관에서 생활했죠. 한 나라의 왕이 외국 공사관에 피신해 있는 것은 나라의 수치입니다. 왕부터 이런 약한 모

고종이 약 1년간 머물렀던 러시아 공사관

습을 보이니 조선이 다른 나라들에게 얕보이게 된 것이죠. 백성들이
볼 때 고종 황제의 행동은 자기만 살겠다고 나라와 백성을 버리고
도망친 꼴이었습니다.

이대로 변호사　　고종 황제는 명성 황후가 시해된 뒤 한동안 슬픔에
빠져 정사를 돌보지 못했습니다. 사랑하는 아내가 처참하게 세상을
떠났는데 큰 충격을 받은 것이 당연하죠. 고종 황제는 자신마저 독
살당할까 두려워 음식도 제대로 먹지 못했습니다. 게다가 을미사변
이후 조정에는 친일파 내각이 들어섰지요. 그들의 눈치를 보며 신변
의 위협을 느낀 고종 황제로서는 어쩔 수 없이 러시아 공사관으로
피신해야만 했습니다.

러일 전쟁과 한국의 운명

일본은 1894년에 청일 전쟁을 일으켜 승리한 데 이어, 10년 뒤인 1904년 2월에는 한국의 인천 항과 중국 뤼순 항에 정박했던 러시아 군함을 기습 공격하면서 러일 전쟁을 일으켰습니다. 당시 뤼순 항은 러시아가 점령한 군사 항구였습니다.

러일 전쟁은 약 1년 7개월 동안 계속되었으며 전쟁의 주요 무대는 한반도와 만주 지역이었습니다. 여기서 알 수 있듯이 러시아와 일본은 한국과 만주의 지배권을 두고 전쟁을 했던 것입니다. 그 무렵 일본은 한반도를 점령해 만주로 진출하기 위한 발판으로 삼으려 했고, 러시아는 만주를 지배하면서 남하 정책에 따라 한국도 그 영향권에 두려고 했습니다.

일본은 전쟁을 일으키기에 앞서 마산, 목포, 인천 등의 항구로 수많은 병력과 군수 물자를 보낸 다음 기습적으로 러시아 군함을 공격했습니다.

이 무렵, 러시아의 군사력은 세계 최강으로 손꼽혔기 때문에 전쟁이 시작될 때만 해도 일본이 승리할 것으로 예상한 사람은 거의 없었습니다. 하지만 일본은 청일 전쟁 때처럼 빠른 속도로 러시아군을 추격해 나가며 세계를 놀라게 하더니, 결국 1905년 9월 러시아와 강화 회담을 갖고 전쟁을 마무리했습니다.

이 전쟁이 시작될 때 한국은 어느 편도 들 수 없는 애매한 입장이었습니다. 그래서 고종 황제는 일본과 중국, 러시아, 서양 강대국들에게 중립을 지키겠다고 선언했지만 무시당했습니다. 이에 고종 황제는 러시아가 승리할 수 있도록 항일 투쟁을 벌이는가 하면 은밀히 러시아와 군사 협력을 추진하기도 했습니다.

하지만 끝내 일본이 승리함에 따라 한국은 일본의 본격적인 지배를 받게 되었습니다. 일본은 러시아를 공격할 때부터 한일 의정서를 강요해, 한국은 넓은 땅을 일본군의 군사 기지로 내놓아야 했고 경부선과 경의선 등 철도 부설권, 연해의 어업권, 전국의 개간권을 일본에 넘겨주어야 했습니다. 전쟁이 끝날 무렵에는 강제로 을사조약을 맺게 됨에 따라 일제가 사실상 한국을 지배하기 시작했습니다.

러일 전쟁 당시 서울을 강제 점령한 일본군의 모습.

2 각지에서 일어난 의병들

이대로 변호사 일본은 을미사변에 이어 1905년에는 한국을 본격적으로 지배할 목적으로 강제로 을사조약을 맺게 했습니다. 이 조약이 체결된 뒤 일본의 단속이 심해져 의병들은 많은 탄압을 받았습니다. 그래서 의병 부대들은 일본의 감시망을 피해 만주에 자리를 잡은 것입니다. 만주는 일단 한국, 중국과 가까워 비밀리에 연락을 주고받는 것이 가능했습니다. 또 만주는 산세가 험해 매복하기에 좋았습니다. 그래서 지리만 잘 꿰뚫고 있다면 적은 병력으로도 일본군과 맞서서 싸우는 것이 가능했죠. 이런 지리적 특성으로 인해 만주는 항일 무력 투쟁의 근거지가 되었고, 만주로 건너간 의병들은 후에 독립군으로 발전해 활발한 독립운동을 벌입니다.

판사 그런데 이대로 변호사, 의병과 독립군에는 어떤 차이가 있습니까?

이대로 변호사　　예리한 질문이십니다. 의병은 나라가 외적의 침입을 받아 위급할 때 백성들이 자발적으로 외적에 대항하여 싸우는 민병입니다. 의병은 승려, 유생, 농민, 노비 등 다양한 사람들이 뜻을 모아 모였으므로 정식 군대는 아니죠. 반면 독립군은 독립을 이루기 위해 일본군과 무력으로 싸운 군대를 말합니다. 판사님, ▶의병장과 대한 독립군 총사령관을 모두 지낸 홍범도 장군을 증인으로 신청해 항일 무력 투쟁에 대한 이야기를 들어 보고자 합니다.

판사　　허락합니다. 증인은 나와서 선서하세요.

　　홍범도 장군은 선서를 마치자마자 원고를 노려보며 호통을 쳤다.

홍범도　　이토, 네 이놈! 네놈이 우리 동포에게 한 짓을 잊었느냐? 그것도 모자라 감히 안중근 의사를 고소하고 어찌 그리 뻔뻔하게 앉아 있을 수 있단 말이냐! 네놈의 뻔뻔함에 치가 떨리는구나.

이토 히로부미　　뭐라고? 아니, 증인으로 나왔으면 곱게 증언이나 하고 들어갈 것이지, 어디다 대고 망발이오?

　　이에 질세라 나카무라 변호사도 거들었다.

나카무라 변호사　　증인은 어떻게 원고에게 놈이라고 막말을 할 수가 있습니까? 당장 사과하세요.

교과서에는

▶ 의병장 홍범도는 삼수 지역에서 활발히 활동하였습니다.

판사   다들 조용, 조용하세요! 법정이 싸움터입니까? 증인은 진정하세요. 잘잘못은 이번 재판에서 공정하게 가릴 것이니, 증인은 증인답게 진실만을 말하면 됩니다.

홍범도   미안하오. 저자가 태연한 모습으로 앉아 있는 것을 보니 화가 나서 그만…….

그때 이 상황을 수습하기 위해 이대로 변호사가 말했다.

이대로 변호사   증인이 불의를 보고 참지 못하는 성격이라 그런 것이니 판사님께서 이해해 주세요. 여기 증인의 프로필을 보니 별명이 '백두산 호랑이'라고 적혀 있는데, 이 별명은 어떻게 해서 붙여진 것입니까?

홍범도   일본군이 내 이름만 들어도 벌벌 떤다고 하여 백두산 호랑이라는 별명이 생겼어요. 내 입으로 직접 설명하자니 조금 쑥스럽군요. 아무튼 일본군과 죽기 살기로 싸웠으니 그런 별명이 붙은 게 아니겠소?

이대로 변호사   백두산 호랑이로 불릴 만큼 증인의 위세가 대단했나 봅니다.

홍범도   내가 이름을 떨치기 시작한 것은 정미 의병 때부터였어요. 온 나라에서 의병들이 다시 일어나자 나도 다시 의병 부대를 만들었지요. 우리 부대에는 사격 솜씨가 좋은 포수들이 많았기 때문에 큰 승리를 거둘 수 있었어요. 적은 병력으로 일본군을 이길 수 있었

던 것은 무엇보다도 전술을 잘 썼기 때문이에요. 우리야 산속 생활에 익숙하지만 일본군은 산의 지리를 잘 모른다는 점을 이용해 연전연승을 거두었지요. 그래서 일본군이 우리 부대를 두려워한 것이 아닐까 생각되오.

이대로 변호사 일본의 입장에서 증인의 의병 부대는 눈엣가시 같은 존재였겠네요?

홍범도 그래서 일본군의 방해가 만만치 않았어요. 총, 화약과 같은 무기들을 압수하고, 사소한 일에도 사사건건 트집을 잡아 의병 활동을 못하도록 막았지요. 우리가 국권을 빼앗긴 후 일본의 감시는 더욱 심해져, 급기야 나를 체포하기 위해 우리 가족을 인질로 잡아들이기까지 했어요. 그때 내 아내는 심한 고문을 받아 감옥에서 목숨을 잃고 말았어요. 하지만 이런 일본의 방해에도 항일 투쟁을 포기하지 않았기 때문에 훗날 봉오동 전투, 청산리 전투에서 대승을 거둘 수 있었지요.

이대로 변호사　　　그런데 궁금한 점이 있습니다. 증인이 생각하기에는 이런 무력적인 항일 투쟁이 왜 발전했다고 보시나요? 의병이나 독립군이 되어 무력 투쟁을 하지 않더라도 평화적인 방법으로 항일 운동을 할 수도 있었을 텐데요. 이를테면 국민들의 실력을 키워 국권을 되찾아오자는 애국 계몽 운동 같은 방법도 있지 않습니까?

홍범도　　　물론 백성들에게 새로운 생각과 지식을 일깨워 주는 일도 중요합니다. 일본에 대항할 수 있는 실력을 쌓기 위해 학교를 세워 신식 학문을 가르치고 경제적·문화적 힘을 키우는 것은 좋은 일이지요. 하지만 근본적으로 일본이 국권을 강탈한 것은 명백한 침략 행위로 선전 포고만 없을 뿐이지 전쟁과 다름없는 것 아니겠어요? 내 조국이 다른 나라의 침략을 받고 있는데 가만히 앉아서 구경만 하는 사람은 없을 것이오. 일본이 무력으로 우리나라를 침략하려 했으니, 나도 의병을 일으켜 일본과 싸운 것이지요.

이대로 변호사　　　증인의 말대로라면 피고가 무력을 이용해 원고를 사살한 것도 독립 전쟁의 일부라고 볼 수 있겠군요?

홍범도　　　물론이지요. 일본의 식민지 지배를 벗어나기 위해 수많은 의병들이 광복이 될 때까지 무력 투쟁을 벌였다는 사실이 그 증거지요.

이대로 변호사   하지만 피고가 테러리스트라는 주장이 있는데, 이에 대해선 어떻게 생각하십니까?

홍범도   그런 주장은 이토 히로부미를 옹호하는 사람들이나 하는 말이오. 이토 히로부미가 저지른 만행을 감추기 위해서 안중근 의사를 테러리스트라고 하는 것 아니겠어요? 만약 내 앞에서 그런 말을 지껄이는 자가 있다면 가만두지 않을 것이오.

이대로 변호사   그 말은 원고가 사살당할 만큼 큰 잘못을 저질렀다는 뜻인가요?

홍범도   이토 히로부미가 조선 침략의 일등 공신이라는 것은 너무나도 명백한 사실이에요. 하지만 지금 이토 히로부미의 태도를 보면 자기 잘못을 전혀 반성하지 않고 있어요. 안중근 의사를 테러리스트라고 하기 전에 먼저 이토 히로부미가 조선을 침략하며 저질렀던 잘못들을 따져 봐야 할 겁니다. 그래야 안중근 의사에 대해서 올바른 평가를 내릴 수 있기 때문이지요.

근대의 의병들

을미 의병

1895년, 명성 황후 시해와 김홍집 내각의 단발령에 격분한 유생들이 조직했습니다. 충청도의 유인석, 경기도의 박준영, 강원도의 이소응, 경상도의 곽종석, 허위, 전라도의 기우만 등 전국 각 지역의 유생들이 의병 부대를 조직하고 일본군과 관군에 저항했던 것입니다. 이때 정부는 관군을 보내 의병 부대를 진압했으며, 한편으론 의병으로 나라가 혼란한 틈을 타 친러파 대신들이 친일파를 몰아내고 정권을 차지했습니다. 친러파 정권이 단발령을 취소하겠으니 의병 부대를 해산하라고 요구해 옴에 따라 을미 의병의 활동은 주춤해졌습니다.

을사 의병

1905년, 일본이 강제로 을사조약을 맺게 하자 유생과 일반 국민이 독립국의 자주권을 되찾기 위해 다시 의병을 일으켰습니다. 가장 먼저 원주, 제천, 단양 등에서 원용석, 박종석 등이 의병대를 조직해 활동했는데, 친일 단체인 일진회의 습격을 받아 해체되었습니다. 민종식, 안병찬 등이 홍주에서 두 차례에 걸쳐 일으킨 의병 부대는 을사 의병 중 가장 큰 승리를 거둔 것으로 알려져 있습니다.

한편 유림의 대표로 손꼽히던 최익현도 전북 태인에서 의병을 일으켜 일본 군과 싸우다 체포되어 일본 쓰시마 섬으로 끌려갔습니다. 그는 "왜놈이 주는 밥은 먹지 않겠다"며 단식하다가 숨졌습니다. 이 무렵 영남 지역에서는 신돌석 의병 부대와 정환식, 정용기 부자의 의병 부대가 큰 활약을 펼쳤습니다. 이 밖에도 경기도, 강원도, 충청도 등 전국 각지에서 의병이 일어나 일제에 저항 했습니다.

정미 의병

1907년에 일제가 고종 황제를 몰아내고 정미7조약을 맺게 하자, 이에 분 노한 유생과 군인들과 일반 백성이 들고일어나 정미 의병을 일으켰습니다. 정미 의병들은 산악 지대를 중심으로 게릴라 전술을 펼치며 일본군을 곤경에 빠 뜨렸습니다. 하지만 1909년 9월 일제가 남한 대토벌 작전을 벌임에 따라 수 많은 사상자가 생겼고, 더 이상 국내에서 활약할 수 없게 된 의병들은 만주, 연해주 등으로 망명해 독립군으로 활약하기 시작했습니다.

주로 유생들이 을미 의병, 을사 의병을 주도한 데 비해, 정미 의병은 농민 과 천민, 노동자, 하급 군인 등이 이끌었다는 점이 특징입니다.

3

을사조약,
울분의 역사가 시작되다

이대로 변호사　　원고가 한국 침략에 앞장섰다는 것은 을사조약을 통해 확인할 수 있습니다. 러일 전쟁에서 승리한 일본은 조선을 보다 확실히 지배하기로 작정했습니다. 그래서 1905년에 원고는 고종 황제를 협박한 끝에 을사조약을 맺었습니다. ▶을사조약으로 인해 한국은 외교권을 빼앗겼을 뿐만 아니라, 일본의 통치 기관인 통감부까지 들어서게 됩니다.

판사　　통감부는 어떤 일을 하던 곳입니까?

이대로 변호사　　일제는 을사조약을 맺은 뒤 우리나라에 통감부를 두었습니다. 을사조약 제3조에 따르면 통감부에서는 외교 업무만 맡아서 관리한다고 되어 있습니다. 그러나 일본은 이 약속을 어기고 외교뿐만 아니라 정치, 경제

교과서에는

▶ 을사조약으로 일본은 우리나라의 외교권을 빼앗았을 뿐만 아니라 통감부를 설치해 내정을 간섭하였습니다.

등 모든 분야를 마음대로 간섭하기 시작했습니다. 마침내
는 한국의 모든 정치 기구가 통감부의 감독을 받는 일까지
벌어졌습니다. 이처럼 통감부는 한국의 자주권을 빼앗으
려는 일본의 침략 의도를 상징적으로 보여 주는 기관입니
다. 한일병합 이후에는 조선 총독부로 이름이 바뀌었지요.

판사　통감부의 우두머리인 통감은 그 권력이 대단했겠네요.

이대로 변호사　통감부의 초대 통감이 바로 원고인 이토 히로부미
였습니다. 원고는 을사조약을 강제로 체결시킨 뒤 통감의 자리에 올
라 조선을 집어삼키려고 했습니다. 게다가 원고는 마치 자신이 대한
제국의 황제인 것처럼 **안하무인**으로 행동했습니다. 걸핏하면 한국
인을 깔보았으며 고종 황제까지 업신여겼죠. 이러니 일반 국민은 원
고가 우리나라를 침략한 원흉이라고 여길 수밖에 없었던 것입니다.

이때 나카무라 변호사가 끼어들었다.

나카무라 변호사　을사조약이 강제로 체결되었다고 하지만, 한국의
대신들이 자발적으로 조약에 서명하였는데 이게 어떻게 일본만의
탓입니까? 을사조약은 한국과 일본의 이해관계에 따라 체결된 조약
일 뿐 다른 의미는 없습니다.

이대로 변호사　을사조약이 체결된 과정을 살펴보면 일본이 얼마
나 무례하고 강압적이었는지 알 수 있습니다. 원고는 고종에게 조약
안을 들이밀며 자신의 지시에 따르지 않으면 한국에 큰 화가 닥칠

안하무인
눈 아래에 사람이 없다는 뜻으
로 교만한 사람이 남을 업신여
기는 것을 가리킵니다.

거라고 협박했습니다. 또한 궁궐과 시내에 일본군을 배치해 험악한 분위기를 만들었고, 총칼로 무장한 일본군이 궁궐 안까지 들어와 대신들을 위협했죠. 이런 원고의 강압적인 태도에도 불구하고 고종은 끝까지 조약 체결을 거부했습니다. 만약 원고의 요구를 들어준다면 나라를 빼앗길 것이 분명했기 때문입니다.

나카무라 변호사　을사조약의 목적은 한국을 일본의 보호국으로 만드는 것이었습니다. 을사조약은 '을사 보호 조약'이라고도 불리는데, 이는 일본이 한국을 보호하기 위해 맺은 조약이기 때문입니다. 을사조약으로 인해 한국은 더 이상 서양 열강의 간섭을 받지 않게 되었

　왜 안중근은 이토 히로부미를 죽였을까?

죠. 판사님, 을사조약에 대해 알아보기 위해 박제순을 증
인으로 신청합니다.

외부대신
지금의 외교통상부 장관에 해당
합니다.

　박제순이 증인석으로 나와 선서한 뒤 나카무라 변호사
가 질문했다.

나카무라 변호사　　증인은 간단하게 자기소개를 해 주시겠습니까?

박제순　　나는 이조 참의, 형조 참판, 예조 참판, 호조 참의, 한성 부
윤을…… 헉헉, 벼슬이 너무 많아서 외우는 것도 힘들군요. 아무튼
이렇게나 많은 벼슬을 지낸 사람이올시다. 이것만 봐도 내가 얼마나
능력 있는 사람이었는지 짐작할 수 있을 것이오. 나중에는 **외부대신**
자리까지 올랐지요.

나카무라 변호사　　피고는 을사조약을 체결하는 데 앞장섰다고 들었
는데요, 그때의 상황을 설명해 주시겠습니까?

박제순　　이토 히로부미 의장이 외부대신이었던 내게 조약 체결의
뜻을 전해 와서 이를 폐하(고종)께 알려 드렸어요. 그 후 이토 의장은
세 번이나 폐하를 만나 설득했지만 조약은 체결되지 않았지요. 폐하
가 계속 조약 체결을 거부하셨기 때문이에요. 어쩔 수 없이 이토 의
장은 중요한 관직을 맡고 있는 여덟 명의 대신들과 회의를 열어 이
문제에 대해 논의하였어요.

나카무라 변호사　　고종 황제가 원고와의 만남을 피했다고 하는데
이유가 무엇입니까?

박제순　　그거야 자신이 무능력하니 이토 의장이 두려웠던 것 아니겠습니까? 이토 의장은 폐하께 몇 번이나 알현을 청하였지만 모두 거절당했어요. 그때 폐하는 조약 체결에 대한 책임을 대신들에게 떠넘기는 무책임한 모습을 보였소이다.

나카무라 변호사　　그래서 원고가 대신들과 모여서 조약을 체결하게 된 것이군요.

박제순　　그래요. 몇 번의 논의 끝에 조약안이 완성되었고, 회의에 참가한 여덟 명의 대신들 중에서 한규설, 민영기, 이하영 대감을 빼고는 모두 조약안에 찬성하였어요. 반 이상이 찬성하였으니 조약이 체결된 것과 마찬가지였지요. 조약안이 통과된 뒤 나는 외부대신 자격으로 일본의 특명 전권 공사인 하야시 곤스케와 한일 양국 대표로 조약을 체결하였소이다.

나카무라 변호사　　증인과 같이 조약에 찬성한 대신은 누구입니까?

박제순　　나 말고도 이완용, 이지용, 이근택, 권중현 대감이 조약에 서명하였어요. ▶사람들은 우리를 을사오적이라고 부르더군요. 우리 을사오적 중에서도 가장 비난을 많이 받은 사람은 이완용 대감이지만, 나도 그에 못지않게 욕을 먹었어요. 하지만 나는 우리를 손가락질하는 사람들을 이해할 수가 없어요.

나카무라 변호사　　왜 그렇게 생각하시죠?

박제순　　만약 우리가 조약에 서명하지 않았다면, 한국은 서양 열강의 세력 싸움에 휘말려 고래 싸움에 새우 등이 터지는 신세가 되었을 것이오. 군사도 많고 강대국인 일본

교과서에는

▶ 박제순, 이지용, 이완용, 이근택, 권중현을 일본의 앞잡이라는 뜻에서 '을사오적'이라 불렀습니다.

이 우리를 지켜 주었으니 얼마나 고마운 일이오?

나카무라 변호사   그런데 을사조약 때문에 한국이 일본의 지배를 받게 되었다는 비판이 있는데요.

박제순   한국은 힘이 없는 나라이니 일본에 기대는 것은 어쩔 수 없는 일이었어요. 나는 차라리 일본의 보호를 받아서 다행이라고 생각해요. 만약 그때 일본이 돕지 않았다면 뒷날 한국이 어찌 되었을 것 같소? 한국은 그저 그런 지질한 나라로 남았을 겁니다, 흠.

나카무라 변호사   지질하다는 표현은 좀……. 증인의 뜻은 잘 알겠습니다. 을사조약은 한국을 보호하기 위한 보호 조약이었다는 말씀이죠? 제 질문은 여기까지입니다.

판사   피고 측 변호인, 증인을 신문하겠습니까?

이대로 변호사   증인은 나라를 팔아먹은 을사오적의 한 사람으로서 양심의 가책을 느끼지 않습니까?

박제순   우리더러 나라를 팔아먹은 매국노라고 말하는데, 당시에는 어쩔 수 없는 선택이었어요. 조약에 서명하지 않을 경우 일본이 당장이라도 한국을 무력으로 점령할 태세였는데 어쩌란 말이오? 무력으로 점령당하느니 차라리 그들의 보호를 받는 게 옳은 선택이 아니겠어요?

이대로 변호사   당시 증인 등 을사오적이 조약 체결에 반대했으면 일본이 함부로 무력 침공을 할 수는 없었을 것입니다. 미국 등 서양 강국과 중국, 러시아를 상대로 일본의 압박을 몰아내기 위한 외교 활동을 펼쳤다면 을사조약이니 한일 병합 조약이니 하는 치욕적인

을사조약이 체결된 덕수궁 중명전. 당시에는 경운궁 수옥헌으로 불렸습니다.

일을 당하지 않았을 거예요. 더구나 나라의 대신으로 있으면서 일본의 보호를 받으려 했다니 자존심도 없으셨군요.

박제순 그건 이대로 변호사의 희망 사항일 뿐 당시 사정은 그렇지 않았어요. 우리는 을사조약 체결이 나라를 위한 최선의 방법이라고 판단했어요. 잘 알지도 못하면서 함부로 매국노니 을사오적이니 인신공격을 하지 마세요.

이대로 변호사 참 우습군요. 증인 등 을사오적이 나라를 위해 을사조약에 서명했다면, 일제에 저항했던 수많은 애국지사와 독립군들은 할 일이 없어 목숨을 걸고 싸운 것입니까? 증인은 1910년 8월, 내부대신으로 있으면서 한일 병합 조약에도 서명을 했습니다. 그리고 그 대가로 일제로부터 자작이란 작위와 은사금을 받았지요. 고작 그

따위 작위와 은사금을 받기 위해 조국과 민족을 배반하였으니 증인 등을 매국노라고 부르는 것입니다. 그런데도 잘못을 인정하지 않겠습니까?

박제순   그래도 내 선택은 정당했다고 생각하오. 그러니까 자꾸 을사오적이니 매국노니 하면서 내 명예를 훼손하지 마시오.

이대로 변호사   하지만 증인을 을사오적이나 매국노로 부르는 것은 명예 훼손이 아니라 지금은 역사적인 사실로 굳어졌습니다. 저는 구역질이 나서 더 이상 물을 게 없지만, 지금이라도 항일 의병과 독립군, 애국지사, 그리고 민족 앞에 사죄하기를 바랍니다.

판사   오늘은 일본이 조선을 완전히 지배하기 전에 대한 제국과 일본에서 어떤 일이 있었는지, 피고가 원고를 사살하기까지의 배경을 살펴보았습니다. 다음 재판에서는 본격적으로 하얼빈 의거의 전개 과정에 대해 알아보겠습니다. 이것으로 오늘 재판을 마치겠습니다.

    땅, 땅, 땅!

은사금
은혜롭게 베풀어 준 돈이라는 뜻으로, 왕이나 상전이 내려 준 돈을 이르는 말입니다.

다알지 기자

요즘 역사공화국의 뜨거운 이슈가 된 하얼빈 의거에 대한 첫 번째 재판이 드디어 끝났습니다. 이번 재판은 안중근 의사가 일본에서 존경받던 저명한 정치가인 이토 히로부미 씨를 왜 사살했는지, 과연 안중근 의사의 행위가 테러였는지를 밝히기 위해 열렸는데요. 어느 때보다도 많은 사람들이 몰려들어 재판을 지켜봤습니다. 원고와 피고 모두 한치의 양보도 없었던 시간이었는데요. 첫날 재판을 마치고 난 원고와 피고의 소감을 들어 볼까요?

이토 히로부미

여러분, 나 이토 히로부미는 역사적으로 일본에서 가장 존경받는 정치가 중 한 사람입니다. 그런 내가 여러분도 알다시피 안중근이라는 총잡이에게 테러를 당해 목숨을 잃었을 뿐만 아니라 한국인들로부터 한국 침략의 원흉이라고 손가락질을 받고 있어요. 이건 매우 억울한 일입니다. 그래서 이번에 저를 재평가해 달라는 뜻에서 안중근을 상대로 소송을 제기하게 되었지요.

오늘 재판을 지켜보니 새삼스럽게 100여 년 전의 일들이 떠오르는군요. 을사조약을 맺었던 경운궁 수옥헌도 그렇고, 무능한 고종 황제가 내 앞에서 쩔쩔매던 게 엊그제 같은데 벌써 한 세기가 훌쩍 지나고 말았어요. 모두 지난 일이라고 여기고 덮어 두고 싶었지만 더는 참을 수가 없습니다.

여러분, 나는 이번 재판에서 승소할 것을 확신하면서 여러분의 뜨거운 응원을 부탁합니다.

안중근

대한국인 여러분! 도마 안중근이 인사를 드립니다. 여러분이 잘 알다시피 나는 일제에 의해 교수형을 당할 때 평안한 얼굴로 죽음을 맞았습니다. 죽음이라는 게 이 세상에서 가장 두려운 일인데 어떻게 그처럼 평안할 수 있었겠습니까? 그것은 바로 내가 대한국인의 한 사람으로서 할 일을 모두 마쳤기 때문입니다. 나는 젊은 나이에 조상에게서 물려받은 재산을 모두 한국의 독립을 위해 아낌없이 바쳤습니다. 그때 생각하기를, 우리나라가 이런 핍박을 받게 된 것은 일제의 무모한 침략 야욕 때문이며, 그중 가장 큰 우두머리가 저 '쥐새끼' 같은 이토 히로부미라고 여겼습니다. 마침 저자가 제 발로 죽음의 문턱에 찾아와 내 총에 맞아 죽었으니 나는 여한이 없었습니다.

대한국인 여러분! 이번 재판에서 제가 반드시 승리할 것이니 안심하시고 저들이 어떻게 제 무덤을 파는지 지켜보시기 바랍니다.

왜 안중근은 이토 히로부미를 죽였을까?

안중근의 하얼빈 의거는
어떻게 일어났을까?

1

독립군 참모 중장이 된
안중근

판사　오늘은 '하얼빈 의거'가 어떻게 진행되었는지 살펴보겠습니다. 먼저 피고 측 변호인이 진술하세요.

이대로 변호사　을사조약 이후 피고에게는 많은 변화가 생겼습니다. 무엇보다 가장 슬픈 건 아버지가 돌아가신 일이었어요. 피고의 아버지는 을사조약 소식을 듣고 충격을 받아 자리에 누웠고, 병이 깊어져 결국 세상을 떠나고 말았습니다. 나라를 위한 일이라면 무슨 일에든 기꺼이 나섰던 아버지였기에 피고의 상심은 매우 컸습니다. 특히 아버지가 독립을 위해 싸우는 애국지사들의 늠름한 모습을 보지도 못한 채 돌아가신 것을 마음 아파했지요. 그래서 피고는 조선이 독립할 때까지 술을 끊고 독립을 위해서 싸우기로 다짐했습니다. 참고로 피고는 세상에서 가장 좋아하는 것 중 하나가 술이었다고 자서전에 기록했습니다. 이런 점에서 피고가 독립운동에 몸을 바치기로 굳게 다짐했다는 걸 짐작할 수 있습니다.

진지한 표정의 판사가 피고 안중근을 보며 물었다.

판사 이때부터 본격적으로 피고의 독립운동이 시작된 것입니까?

안중근 그렇습니다. 나는 을사조약으로 인해 국내에서 독립운동을 하기 힘들어지자 중국으로 가서 여러 지역을 돌아보았습니다. 온 가족이 망명해 독립운동을 펼칠 만한 곳을 알아보기 위해서였지요. 그때만 해도 아버지는 병석에 누워 계셨고 아직 세상을 떠나시기 전이었습니다.

나는 상하이도 방문했는데, 그곳에서 평소 친하게 지내던 곽원량 신부를 만났습니다. 곽 신부는 본래 프랑스인으로, 한국에서 선교 활동을 펴던 중 나와 알게 되었어요. 곽 신부는 홍콩에 용무가 있어 들렀다가 다시 한국으로 돌아가던 길에 상하이에서 우연히 나랑 마주친 것입니다. 가족을 이끌고 망명하려 하는 나의 계획을 듣고, 곽 신부는 조선이 자주적으로 독립하기 위해서는 교육 사업을 해야 한다고 강조했습니다. 지금도 "잘 생각해 보게. 자네처럼 조선 사람이 모두 조국을 떠나려 한다면 조선은 텅텅 비게 될 것이고, 일본은 힘 들이지 않고 조선을 차지할 게 아닌가? 그러니 나라 안에 머물며 교육 사업을 펼쳐 보게"라고 설득하시던 게 기억나는군요.

판사 피고의 아버지가 돌아가신 것은 언제입니까?

안중근　　내가 귀국하기 전이었습니다. 나는 조국으로 돌아온 뒤에야 아버지가 돌아가신 것을 알고는 며칠 동안 통곡을 했습니다. 그리고 아버지의 뜻을 받들어 반드시 조국의 독립을 위해 싸우겠다고 다짐했지요. 먼저 곽 신부의 충고를 받아들여 교육 사업을 펼치기 시작했습니다. 마침 아버지에게서 물려받은 재산이 있어서 그걸 모두 털어 학교를 세웠고, 학교를 운영해 나갈 자금을 마련하려고 평양에 석탄 개발 회사를 세웠어요.

　　그 무렵 한국에서는 뜻있는 지식인들이 학교를 세우고 교육을 통해 국민들의 실력을 기르자고 하는 애국 계몽 운동이 벌어지고 있었습니다. 나는 그때 우리 국민이 실력을 쌓고 한마음으로 뭉치면 일본이 제아무리 아시아의 강대국이 되었다 해도 한국을 함부로 대하지 못할 것이라고 생각했죠. 그래서 몇십 년 동안 살아온 청계동을 떠나 가족들과 함께 진남포 용정동으로 이사 가서 그곳에서 교육 사업을 벌였습니다.

판사　　그곳에서 어떤 일들을 했습니까?

안중근　　진남포에는 한 신부님이 세운 돈의 학교가 있었는데, 학생 수가 적고 운영이 어려워 문을 닫을 처지에 놓여 있었어요. 그래서 그 학교를 사들여 교육 사업을 펼쳤습니다. 두 달 뒤에는 새로 삼흥 학교를 세워 학생들을 가르치는 일에 앞장섰어요.

판사　　교육 사업에 필요한 자금은 어떻게 마련했습니까?

안중근　　대대로 물려받은 집안의 재산이 있었는데, 그 재산을 교육 사업에 아낌없이 쏟아부었습니다. 학교를 계속 운영해 나갈 자금

을 마련하기 위해 석탄 개발 회사도 세웠고요. 평양에 세운 그 회사
는 일제의 방해로 얼마 지나지 않아 큰 손해를 본 채 문을 닫고 말았
지요. 문제는, 일본인들의 수탈이 심해 나처럼 당하는 사람이 많다
는 것이었어요. 일본은 조선의 경제를 손아귀에 넣기 위해 갖가지
방법을 동원했습니다. 그 결과 많은 회사들이 일본인 소유로 넘어가
거나 망하고 말았죠.

판사　일본의 횡포가 극심했군요.

이대로 변호사　그 부분에 대해선 제가 진술하겠습니다.

판사　그렇게 하십시오.

선심
남에게 베푸는 후한 마음을 뜻
합니다.

예속
남의 지배나 지휘 아래 놓이는
것을 말하지요.

패물
몸치장에 쓰도록 귀금속 등으로
만든 가락지, 팔찌, 귀고리 등의
장식물을 말합니다.

이대로 변호사   일본은 비열한 방법으로 조선의 경제마저 지배하려고 했습니다. 처음엔 선심을 쓰는 척하면서 조선 정부에 돈을 빌려 줍니다. 이는 조선의 경제를 파탄에 빠뜨려 일본에 예속시킬 구실을 만들려는 것이었어요. 조선은 빚을 갚을 능력이 없었으니 일본의 계획은 성공한 셈이었죠. 1907년에 이르러 일본에 진 빚은 1300만 원에 달했습니다. 당시 1300만 원은 조선 정부가 갚지 못할 만큼 큰돈이었어요.

판사   그런 거액을 빚졌단 말입니까?

이대로 변호사   네. 이에 국민들이 ▶나라의 빚을 갚고자 한마음 한뜻으로 나서서 대구에서 국채 보상 운동이 일어나게 됩니다. 모든 국민이 형편대로 돈을 모아 일본에 진 빚을 갚고 나라의 권리를 되찾자는 것이 국채 보상 운동의 목표였어요. 국채 보상 운동은 대구에서 처음 시작되었는데, 금세 온 나라에 퍼졌습니다. 피고도 이 소식을 듣고 평양에서 많은 사람들이 모인 가운데 국채 보상 운동의 중요성을 강조하는 연설을 했지요.

판사   국채 보상 운동은 성공하였나요?

이대로 변호사   『대한매일신보』나 『황성신문』 같은 신문사에서는 국채 보상 운동을 대대적으로 알리는 데 앞장섰습니다. ▶▶나라의 빚을 갚으려는 국민들의 열망이 어찌나 뜨겁던지 남자들은 담배 살 돈을 아껴서 성금으로 냈고, 여자들은 선뜻 패물을 내놓았어요. 국채 보상 운동의 열기

교과서에는

▶ 1907년에 서상돈의 제안으로 대구에서 국채 보상 운동이 시작되었습니다.

▶▶ 금연, 금주하여 모은 돈과 패물을 성금으로 냈으며 단체와 언론도 모금 운동에 앞장섰습니다.

는 일본까지 퍼져서 일본에 있는 유학생들도 이에 동참하였습니다. 이렇게 국채 보상 운동이 전국적으로 확산되자 일본은 이를 반일 운동으로 여겨서 금지했고 지도자들을 탄압하기 시작했어요. ▶결국 국채 보상 운동은 일본의 방해로 실패하고 말았지요.

판사　국채 보상 운동이 성공했다면 조선의 운명은 달라졌을 수도 있었겠군요.

이대로 변호사　그렇습니다. 이렇게 피고는 교육 사업을 통해 인재를 키우고 국채 보상 운동에 열심히 참여하는 등 계몽 운동을 실천했습니다. 하지만 얼마 지나지 않아 피

교과서에는

▶ 국채 보상 운동은 통감부의 방해로 중지되고 말았습니다.

대구시 중구 동인동에 있는 국채보상운동기념공원

고는 가족들에게 삼흥 학교를 맡기고 북간도로 떠나기로 마음먹습
니다. 계몽 운동만으로는 나라를 구할 수 없다고 판단했기 때문이지
요. 게다가 그 무렵에는 정미 7조약이 맺어져 군대가 해산되고 전국
적으로 의병(정미 의병)이 일어나고 있었습니다. 피고는 적극적으로
일본에 맞서 싸우기 위해서 해외로 망명해 독립 투쟁을 벌이기로 한
것입니다.

　더 이상 머뭇거릴 수 없었던 피고는 어머니와 아내, 아이들과 작
별하고 길을 나섭니다. 피고의 나이 스물아홉 살 때였지요. 피고는
함경도에서 두만강을 건너 북간도에 도착했습니다. 하지만 그곳에
일본군이 버티고 있어서 계속 머물지 못하고 러시아 블라디보스토
크로 떠나지요. 판사님, 피고의 독립운동에 대해서는 직접 피고의

　　왜 안중근은 이토 히로부미를 죽였을까?

진술을 들었으면 합니다.

판사   그럽시다. 그럼 다시 피고에게 묻겠습니다. 피고는 러시아 에서 어떤 활동을 벌였습니까?

안중근   내가 도착했을 때 블라디보스토크에는 한국인이 5,000명 정도 살고 있었고 수많은 항일 독립운동 단체가 있었어요. 나는 여 러 단체들 중에서 '계동 청년회'에 가입해서 항일 운동을 시작했지 요. 한국인들이 모인 곳이라면 어디라도 찾아가서 강연을 했어요. 내가 강연을 한 것은 한국인들에게 일본의 만행을 알려 독립운동에 관심을 갖게 하기 위해서였습니다. 나의 진심이 통했는지 많은 사람 들이 돕겠다고 나섰어요. 어떤 사람은 직접 독립운동에 뛰어들었고, 자금과 무기를 선뜻 내놓은 사람들도 있었지요. 아무튼 이런 노력 끝에 의병 부대를 만들 수 있었습니다.

판사   피고가 의병 부대를 직접 지휘했나요?

안중근   아닙니다. 러시아의 연추(煙秋) 지역에는 한국에서 피신해 온 의병 부대가 많았어요. 그런 까닭에 이곳은 훗날 항일 의병 투쟁 의 중심지로 발전하게 되지요. 이범윤 동지는 흩어져 있는 여러 의 병 부대들을 모아 훈련시키고 지휘하는 본부를 이끌고 있었어요. 얼 마 후 이범윤 동지를 총대장으로 하는 의병 부대가 만들어졌고, 나 는 그곳의 참모 중장으로 임명되어 부대를 편성하고 군사 훈련을 하 는 데 온 힘을 쏟았습니다.

판사   일본군과 전투를 벌이기도 했나요?

안중근   우리 의병대는 두만강 국경을 건너 한국에 있는 일본군과 전쟁을 벌이기로 했습니다. 이 국내 진공 작전을 성공시키기 위해서는 일본군 국경 수비대를 무너뜨려야 했지요. 그래서 나는 의병 300여 명을 이끌고 두만강을 건넌 후 함경북도 홍의동에 이르러서 일본군과 치열한 전투를 벌였어요. 우리는 이 전투에서 일본군 50여 명을 사살하고 포로 10명을 사로잡는 큰 승리를 거두었지요. 그런데 이 포로들을 풀어 준 것이 그만 **화근**이 되고 말았어요.

판사　애써 사로잡은 포로를 그냥 풀어 주었다고요? 어떻게 된 겁니까?

안중근　당시 일본군은 우리 의병을 사로잡으면 참혹하게 죽여 버렸어요. 그래서 나와 함께 싸운 동지들은 사로잡은 일본군 포로를 죽여야 한다고 주장했지요. 하지만 내 생각은 달랐어요. 우리가 일본군과 똑같이 행동한다면 그들과 다를 바가 없지 않겠소? 또 국제법에 상대국 포로를 함부로 죽이지 못하게 되어 있으니 우리라도 원칙을 따라야 한다고 생각했지요.

판사　정말 대쪽 같은 성격이시군요. 저 같아도 포로로 잡힌 일본군을 풀어 주지 않았을 것 같습니다.

안중근　나는 일제의 흉악한 계략을 전 세계에 알리고 일본군과 맞서기 위해 의병을 일으킨 것입니다. 하지만 포로로 끌려온 일본군들은 대부분 가난한 농민이나 상인으로 살다가 천황의 명을 받고 갑자기 군인이 된 사람들이었어요. 그런 사람들에게 무슨 죄가 있다고 죽입니까? 하지만 포로를 풀어 준 일로 동지들이 불만을 품게 되

었지요. 그들의 불만은 좀처럼 수그러들지 않아서, 나중엔 장교들이 자기 부하들을 데리고 부대를 떠나는 일까지 벌어졌어요. 더군다나 풀려난 일본 포로들이 우리 부대의 규모와 위치를 알려 주는 바람에 다음 전투에서는 처참하게 패배하고 말았어요.

판사　　생명의 은인을 아무 거리낌 없이 배신하다니 정말 너무하는군요. 그 포로들은 피고를 만났으니 그나마 목숨을 구한 게 아닙니까?

안중근　　바른 일을 했다고 믿기에 내가 한 일에 대해서 후회는 없어요. 하지만 전투에서 패한 후 죽을 고비를 몇 번이나 넘겨야 했지요. 며칠씩 물 한 모금 못 마시고, 일본군을 피해 어두운 밤에만 이동해야 했어요. 그렇게 남아 있던 부하 두 명과 함께 겨우 탈출해 연추에 도착할 수 있었지요. 얼마나 고생을 했던지 연추의 동지들이 내 모습을 알아보지 못할 정도였어요. 내가 목숨을 구할 수 있었던 건 하늘이 도운 거예요.

판사　　연추로 돌아가서 독립운동을 계속했나요?

안중근　　비록 전쟁에서 패하긴 했지만 항일 투쟁을 포기할 수는 없었어요. 그래서 나는 마음이 맞는 동지들 열한 명과 비밀 결사대를 조직했지요. ▶나와 동지들은 손가락을 끊어 조국 독립을 위해서 싸울 것을 맹세했어요. 단체 이름은 '동의단지회'로 정했는데, 여기서 단지란 손가락을 끊는다는 뜻이라오. 지금도 내 사진이나 손 도장을 보면 왼손 약 손가락의 끝 마디가 잘린 것을 볼 수 있을 겁니다.

이대로 변호사　　판사님, 피고는 방금 진술한 것과 같이 계

왜 안중근은 이토 히로부미를 죽였을까?

몽 운동뿐만 아니라 항일 의병 투쟁을 벌여 독립을 위해 헌신하였습니다. 몸이 상하고 죽을 고비를 넘기면서까지 항일 운동을 계속했던 것은 오직 조국의 독립을 위해서였습니다. 그렇다고 무조건 일본인을 미워한 것은 아니었습니다. 일본인 포로를 풀어 준 일화에서 보듯이 피고는 정의와 평화를 사랑했으며 의협심이 강했어요. 이런 피고가 과연 개인의 감정으로 조선 침략의 원흉인 원고를 암살한 것일까요?

더구나 피고는 대한 의군 참모 중장이었으니 독립 전쟁을 하던 중에 원고를 사살한 것으로 봐야 합니다. 최근에 피고를 안중근 의사가 아닌 안중근 장군으로 불러야 한다는 주장이 제기되었는데, 이것은 피고의 신분 때문입니다. 피고는 체포되어 재판을 받을 때까지 자신은 형사범이 아니라 전쟁 포로이며 따라서 일본 재판소에서 재판받을 이유가 없다고 말해 왔습니다. 당시에는 많은 의병 부대들이 항일 투쟁을 벌이는 전시 상황이었고, 그렇기 때문에 피고의 행위를 테러라고 부르는 것은 옳지 않습니다.

2

안중근,
하얼빈으로 향하다

판사 의병 활동을 하던 피고가 원고를 사살하게 된 이유는 무엇입니까?

나카무라 변호사 그건 제가 말씀드리겠습니다. 피고는 우연히 블라디보스토크에 갔다가 원고가 만주를 시찰하기 위해 하얼빈으로 온다는 소식을 들었습니다. 블라디보스토크에서 발행되는 신문 기사에도 이 내용이 실려 있었지요. 기사를 본 피고는 흥분한 나머지 원고를 암살할 생각에 사로잡혔습니다. 그래서 홧김에 하얼빈으로 가서 원고를 암살하는 만행을 저지르고 만 것입니다.

이대로 변호사 홧김에 그랬다니요? 원고 측 변호인은 왜 사실을 왜곡하십니까? 원고가 하얼빈을 방문한다는 신문 기사를 보고 사살할 계획을 세운 것은 맞습니다. 하지만 피고는 절대로 충동적으로 일을 꾸민 것이 아닙니다.

나카무라 변호사   그 말을 어떻게 믿습니까? 원고가 하얼빈을 방문한다는 소식을 듣고 울분을 풀고자 원고를 암살한 것이 어느 모로 보나 분명하지 않습니까?

이대로 변호사   피고는 독립군 부대가 일본군을 공격해 승리하는 것도 중요하지만 일본의 권력을 상징하는 핵심 인물을 사살하는 게 훨씬 효과가 클 거라고 판단했습니다. 그리고 하얼빈 의거가 성공할 수 있었던 것은, 피고의 사격 실력과 운도 작용했지만, 무엇보다도 철저하게 계획을 세우고 준비했기에 가능했습니다.

판사   잠깐만요. 피고가 미리 사살을 계획하였습니까?

이대로 변호사   그렇습니다. ▶장인환, 전명운 의사가 스티븐스를 죽인 것처럼 말이지요. 대한 제국의 외교 고문이었던 스티븐스는 일본을 위해 일하던 앞잡이였습니다. 스티븐스가 미국에서 암살당한 일은 큰 이슈가 되었습니다. 미국인들은 오히려 장인환, 전명운 의사의 의거가 정당하고 애국적인 일이라며 높이 평가했고, 신문에는 일본의 한국 침략을 규탄하는 기사까지 실렸어요. 피고도 이런 식으로 이목을 끌어 한국의 처지를 전 세계에 알려야 한다고 생각했습니다. 그래서 조선 침략의 원흉인 원고를 사살하기로 결심한 것입니다.

판사   그런데 우연히 원고가 하얼빈으로 온다는 소식을 들었군요.

이대로 변호사   피고는 이를 하늘이 내린 기회라 여기고

규탄
잘못이나 옳지 못한 일을 잡아내어 따지고 나무라는 것을 말합니다.

교과서에는

▶ 전명운과 장인환은 우리나라 외교 고문이었던 미국인 스티븐스가 미국으로 돌아가 일본의 한국 침략을 지지하는 발언을 하자 그를 사살하였습니다.

미국의 외교관 더럼 스티븐스

계획을 세웠습니다. 우선 하얼빈으로 가는 데 필요한 경비를 마련하는 것이 급선무였습니다. 돈을 빌려줄 사람을 찾아다닌 끝에 겨우 필요한 자금을 구할 수 있었습니다. 그리고 우덕순이라는 동지를 만나 함께 거사하기로 하지요.

판사 아니, 피고 혼자서 일을 꾸민 게 아니었습니까?

이대로 변호사 네. 하얼빈 의거는 많은 사람들의 도움을 받아 성공할 수 있었어요. 판사님, 하얼빈 의거가 어떻게 일어났는지 알아보기 위해 그 계획에 참여했던 우덕순을 증인으로 신청합니다.

판사 좋습니다. 증인은 나와서 선서하세요.

우덕순 나 우덕순은 진실만을 말할 것을 맹세합니다.

이대로 변호사 증인은 피고와 어떤 관계입니까?

우덕순 안 동지와는 연추에서 함께 의병 운동을 하며 동고동락한 사이지요. 그 당시 나는 일본군에 맞서 싸우다가 체포되어 함흥 감옥에 갇혔어요. 하지만 곧 탈출하여 블라디보스토크로 가서 '대동공보'라는 신문사에서 일하고 있었지요. 그런데 이토 히로부미가 하얼빈을 방문한다는 기사를 보고 안 동지가 나를 찾아온 겁니다.

이대로 변호사 피고의 말을 들었을 때 심정이 어땠나요?

우덕순 가슴이 덜컥 내려앉았어요. 안 동지는 처음으로 다른 사람에게 자신의 계획을 말하는 거라고 했어요. 매우 위험한 계획이었기 때문에, 안 동지는 신중에 또 신중을 기하고 있었지요.

이대로 변호사   피고와 어떤 계획을 세웠는지 말씀해 주세요.

우덕순   이토 히로부미가 하얼빈에 온다는 소식을 들은 이상 단 하루도 머뭇거릴 수가 없었어요. 우리는 자세한 정보를 알아보기 위해 하얼빈으로 가는 열차를 탔지요. 그날이 1909년 10월 21일이었는데, 그날 밤 러시아와 중국의 국경인 쑤이펀허에서 열차가 한 시간 정도 정차했을 때 러시아어 통역을 해 줄 동지를 구했어요.

이대로 변호사   그게 누구입니까?

우덕순   유동하라는 청년이었어요. 유동하 군은 러시아어를 매우 잘했어요. 하얼빈에는 러시아인들이 많이 살고 있었기 때문에 통역이 필요했어요. 그래서 통역을 부탁하기 위해 유동하 군을 데려가기로 했지요. 그런데 안 동지는 유동하 군에게 이토 히로부미 암살 계획에 대해선 한마디도 하지 않고 자기 가족을 만나러 하얼빈에 가는 것이라고 둘러대었어요. 그도 그럴 것이, 유동하 군은 결혼은 했지만 나이는 열여덟 살밖에 되지 않았어요. 앞날이 창창한 젊은이를 보호하기 위해서 거짓말을 할 수밖에 없었던 거지요.

이대로 변호사   증인과 피고와 유동하, 이렇게 셋이서 하얼빈으로 떠난 거로군요.

우덕순   그래요. 우리가 탄 열차는 블라디보스토크를 출발해 24시간 만에 하얼빈에 도착했어요. 그 당시 하얼빈에는 중국인, 러시아인, 유럽인, 일본인 등 여러 나라 사람들이 살고 있었어요. 그중 한국인들은 300여 명 정도였는데, 마침 하얼빈에서 독립지사를 돕고 있

던 김성백 동지의 집을 알게 되어 며칠간 머물게 되었지요.

이대로 변호사　　하얼빈에서는 어떻게 지냈나요?

우덕순　　도착한 다음 날 낮에는 하얼빈 공원을 산책하며 한가로운 시간을 보냈어요. 하얼빈 공원은 주변 경치가 매우 아름답지요. 하얼빈 공원은 안 동지에게 의미가 깊은 곳이라오.

이대로 변호사　　무슨 특별한 이유라도 있습니까?

우덕순　　안 동지가 생애 마지막으로 평화로운 시간을 보낸 곳이기 때문이지요. 그만큼 하얼빈 공원은 안 동지에게 아름다운 기억을 심어 주었어요. 훗날 안 동지는 사형을 선고받은 뒤 자신의 유해를 하얼빈 공원에 묻었다가 조국이 독립하면 옮겨 달라고 유언했어요.

이대로 변호사　　하얼빈 공원에 대한 피고의 애정이 남달랐군요. 그런데 그 유언대로 되었습니까?

우덕순　　안 동지의 유언은 이루어지지 못했어요. 일본은 안 동지의 유언을 무시하고 유해를 감옥 뒷산 아무 데나 버리는 만행을 저질렀어요. 사람들이 안 동지의 유해가 하얼빈 공원에 묻혀 있다는 사실을 알고 찾아와 추모라도 하면 일본의 입장이 난처해지기 때문이지요. 하얼빈 공원이 독립운동의 성지가 되는 것을 막기 위해 안 동지의 유해를 없애 버린 겁니다. 안 동지의 두 동생이 일본 측에 유해를 찾는 것만이라도 허락해 달라고 사정했지만 받아들여지지 않았어요. 결국 지금까지도 안 동지의 유해는 행방불명 상태랍니다.

이대로 변호사　　그런 안타까운 일이 있었군요. 그럼 다시 하얼빈 의거로 돌아와서, 그때 이야기를 해 주시겠습니까?

우덕순　　하얼빈 공원을 산책하며 휴식을 취한 후, 저녁 무렵에 하얼빈에 살면서 동포들에게 통역을 해 주는 조도선이라는 동지를 만났어요. 안중근 의사는 유동하 군을 돌려보내고 조도선 동지에게 통역을 부탁하기로 했어요. 어린 유동하 군을 데리고 다니는 것이 계속 마음에 걸렸던 거지요. 그래서 유동하 군이 잠깐 자리를 비운 사이에 조 동지에게 우리의 계획을 털어놓고 비밀을 지켜 달라고 신신당부했어요. 그제야 내막을 안 조 동지가 의거를 도와주기로 했고요.

이대로 변호사　　의거 계획은 세웠나요?

유해
죽은 몸. 시신, 시체와 비슷한 말입니다.

우덕순　　　큰 계획은 이미 세웠지만 보다 치밀한 계획을 짜기 위해 여러 가지 정보가 필요했소이다. 그래서 이토 히로부미가 도착하기 하루 전인 10월 25일에 나는 안 동지, 조 동지와 함께 하얼빈 역에서 84킬로미터쯤 떨어진 차이자거우[蔡家溝] 역으로 갔어요. 차이자거우 역은 이토 히로부미가 하얼빈으로 오려면 반드시 거쳐야 하는 정거장이었어요. 이토 히로부미가 갑자기 계획을 바꿔 차이자거우 역에서 내릴지도 모른다고 판단하여 그 역으로 갔던 거지요.

이대로 변호사　　　원고가 하얼빈에서 내릴 수도 있지 않습니까?

우덕순　　　우리는 이토 히로부미가 탄 열차가 차이자거우 역에서 멈출지 아니면 그냥 지나칠지 예측할 수가 없었어요. 그래서 다시 계획을 바꿔 안 동지는 하얼빈으로 돌아가기로 했지요. 나와 조 동지는 차이자거우 역에 남아 이토 히로부미가 그곳에서 내리면 그를 사살하기로 했고요. 하얼빈으로 돌아가는 안 동지와 작별 인사를 나누며, 이제 다시는 서로 만나지 못할지도 모른다는 생각에 슬픔에 잠겼다오.

이대로 변호사　　　그런데 원고가 탄 열차가 차이자거우 역에서 정차하지 않고 곧바로 하얼빈에 도착했군요. 따라서 원고가 하얼빈 의거를 성공시킨 것이고요.

우덕순　　　안 동지의 의거가 성공하자 러시아 철도 경비 책임자는 공범이 있을 거라고 판단했어요. 그래서 수상한 한국인들을 모조리 잡아들이라는 명령을 내렸지요. 그 결과 차이자거우 역 주변에 있던 나와 조 동지가 러시아 헌병들에게 체포되었어요. 우리뿐만 아니라

　　　왜 안중근은 이토 히로부미를 죽였을까?

안 동지가 하얼빈에서 만난 사람들이 모두 공범으로 몰려 체포된 겁
니다. 그 뒤 몇 번에 걸친 재판에서 안 동지는 사형을, 나와 조 동지
등은 징역을 선고받았지요.

나카무라 변호사 이번에는 제가 증인에게 질문하겠습니다. 증인은
차이자거우 역에서 체포되었을 때 권총을 가지고 있었죠?

우덕순 그렇소.

나카무라 변호사 외국인이 총기를 숨긴 채 길거리를 돌아다니는
것이 불법인 걸 모르셨나요?

우덕순 불법 같은 소리 하고 있네! 불법을 따지자면 한국을 강제

하얼빈 공원에 세워진 안중근 유묵비

점령한 일제의 불법부터 따지는 게 순서 아닌가?

나카무라 변호사　판사님, 증인의 발언 태도에 문제가 있습니다. 함부로 반말을 하지 못하게 경고해 주시기 바랍니다.

판사　인정합니다. 증인은 발언에 주의하시기 바랍니다.

나카무라 변호사　증인은 일본이 한국을 통치하게 된 과정이 국제관례에 따른 것이며, 모두 일본과 한국 간 조약에 의해 이루어졌다는 걸 모르십니까?

우덕순　그 당시 일본이 아시아의 강대국이 되었던 건 인정하겠소. 일본에 비해 한국은 보잘것없는 약소국이었지. 그런데 힘센 아이가 허약한 아이에게 "앞으로 내가 널 보호해 줄 테니 내 말 잘 들어야 한다. 그러니까 이 계약서에 도장부터 찍어"라고 말한다면 허약한 아이가 거절할 수 있습니까? 물론 당신 말처럼 당시 일본의 잔꾀에 넘어간 한국의 매국노들이 을사조약, 정미7조약, 한일 병합 조약 등에 서명한 게 사실이라고 칩시다. 그렇다고 그걸 합법적이라고 생각하는 바보가 어디 있겠소? 힘센 아이가 눈만 부릅떠도 허약한 아이는 다리에 힘이 풀리는데. 따라서 두 나라 사이의 조약은 겉으로는 합법적인 것처럼 보이지만 사실은 원인 무효라 할 수 있지요. 그런 일본의 잘못은 모른 체하면서 우리의 하얼빈 의거를 잘못이라고 말한단 말이오?

나카무라 변호사 　나 참, 이상한 비유를 드시는군요. 거기서 힘센 아이와 허약한 아이가 왜 나오는지 이해할 수가 없군요. 일본이 한국을 지배한 것은 한국을 비롯한 아시아 국가들을 서양 강대국으로부터 지키기 위해서였지 결코 한국을 무시해서가 아닙니다.

이대로 변호사 　판사님, 지금 원고 측 변호인은 터무니없는 **궤변**을 늘어놓고 있습니다.

판사 　인정합니다.

나카무라 변호사 　그러시다면 이상으로 반대 신문을 마치겠습니다.

판사 　증인은 돌아가셔도 좋습니다.

궤변
상대편의 생각을 혼란하게 하거나 거짓을 참인 것처럼 꾸며 대는 억지 논리를 가리키는 말입니다.

그물을 말리던 곳, 하얼빈

중국 동북 지역 헤이룽장 성에 자리 잡은 하얼빈은 19세기까지만 해도 작은 어촌에 불과했습니다. 하얼빈이란 말은 만주어로 '그물 말리는 곳'이라는 뜻입니다. 이 어촌이 쑹화 강 강변에 있어서 그곳 어부들이 물고기를 잡은 뒤 그물을 말리던 것에서 유래한 이름이 아닐까 추측됩니다.

그런데 이곳에 러시아의 둥칭[東淸] 철도 기지가 들어서면서 이 작은 어촌이 갑자기 근대적인 도시로 발전하게 됩니다. 둥칭 철도는 크게 보면 T자 형태로, 동쪽의 쑤이펀허에서 서쪽의 만저우리까지 연결되며 그 중간쯤에 있는 하얼빈 역에서 남쪽의 뤼순까지 이어집니다. 따라서 둥칭 철도의 동쪽과 서쪽, 남쪽을 연결하는 교통 중심지인 하얼빈에 둥칭 철도 기지가 건설되었으며, 이로부터 하얼빈의 눈부신 발전이 시작되었습니다. 하얼빈은 상업·교통 도시로 발전하여 1932년 무렵에는 인구가 38만 명이나 되었다고 합니다.

특히 교통의 중심지로서 러시아인들뿐만 아니라 세계 각지에서 모여든 사람들로 북적였기에, 안중근 의사가 하얼빈 역에서 의거를 일으켰을 때 그 소식이 빠르게 전 세계로 전해질 수 있었습니다.

세계를 뒤흔든 하얼빈 의거

3

판사 　다시 하얼빈으로 돌아간 피고가 어떻게 원고를 사살하였는지 피고 측 변호인이 설명해 주시겠습니까?

이대로 변호사 　하얼빈에 있던 유동하는 우연히 거사 계획을 알게 되었습니다. 그래서 유동하도 거사에 동참하게 되었죠. 피고는 차이자거우 역에서 하얼빈으로 돌아온 다음 날 아침 일찍 일어나 만반의 준비를 하고 하얼빈 역으로 향했습니다. 하얼빈 역에서는 러시아 군인들이 삼엄하게 경비하고 있었습니다. 게다가 아침부터 많은 사람들로 북새통을 이루고 있었지요. 그 모습을 보고 피고는 이토 히로부미가 하얼빈 역으로 올 것을 확신했습니다.

판사 　사람들이 원고를 보기 위해서 하얼빈 역으로 몰려들었군요.

이대로 변호사 　원고가 탄 열차의 도착 예정 시간은 아침 9시였습

기지
경우에 따라 재치 있게 대응하는 지혜를 말합니다.

의장대
국가 경축 행사나 외국 사절에 대한 환영, 환송 따위의 의식을 베풀기 위하여 특별히 조직, 훈련된 부대를 가리킵니다.

니다. 8시 50분쯤 되었을 때 피고는 하얼빈 역 구내로 발걸음을 옮겼습니다. 승강장 앞에서는 러시아 군인들이 역 안으로 들어가는 사람들을 일일이 검사하고 있었어요. 러시아 군인들은 피고에게도 통행증을 보여 달라고 요구했죠. 바로 그때 러시아어를 잘하는 유동하가 피고를 일본인 기자라고 둘러댔습니다. 유동하가 기지를 발휘한 덕분에 피고는 역 안으로 들어갈 수 있었습니다.

판사 피고가 러시아 군인들의 눈에 띄지는 않았나요?

이대로 변호사 승강장에는 이미 수많은 사람들이 모여 있었습니다. 그 사람들 속에 섞여서 감시를 피할 수 있었지요. 승강장 한쪽에는 러시아 군악대와 의장대가 일사불란하게 자리를 지키고 있었고, 그 옆에는 하얼빈에 있던 각국 관리들을 비롯해 원고를 환영하러 나온 일본인들이 줄지어 서 있었습니다. 피고는 일본인들이 있는 쪽으로 가서 그곳에 자리를 잡았습니다. 이윽고 9시가 되자 예정대로 열차가 도착했고, 러시아 군악대는 원고를 환영하는 음악을 연주하기 시작했습니다.

열차가 멈추자 러시아 재무장관인 코코프체프가 몇 명의 수행원과 통역관을 데리고 열차에 올라갔습니다. 열차 안에서 원고와 코코프체프는 한동안 대화한 뒤 승강장에 모습을 드러냈습니다. 이때가 9시 25분쯤이었습니다.

판사 원고 주변에 여러 수행원과 통역관 들이 있어서 피고가 원고를 찾아내기가 쉽지 않았을 텐데요.

이대로 변호사　　그렇습니다. 피고는 일본인 환영객들 가운데 있는 데다가 거리가 많이 떨어져 있어서 누가 이토 히로부미인지 제대로 확인할 수가 없었어요. 그래서 러시아 의장대가 있는 쪽으로 자리를 옮겼습니다. 그때 열차에서 내린 원고가 군악대를 지나며 사람들에게 손을 흔들었습니다. 그리고 일본인 환영객들과 악수를 나누기 위해 몸을 돌렸습니다. 원고의 모습이 점점 가까워지고 있었죠. 피고는 신문에서 보았던 원고의 얼굴을 기억하고는 외투에 넣어 두었던 권총을 뽑아 들었습니다. 7연발 브라우닝 자동식 권총이었지요. 피고는 원고의 가슴을 겨냥한 뒤 침착하게 방아쇠를 세 번 당겼습니다. 세 발의 탄환은 정확하게 원고의 가슴에 명중했습니다.

나카무라 변호사　　피고 측 변호인의 말을 들으니 피고가 테러리스트라는 것에 더욱 확신이 생기는군요. 판사님, 피고의 행위가 테러라는 것을 증명하기 위해 증인을 신청합니다. 사건 당시 하얼빈 역에 있었던 러시아의 코코프체프 장관입니다.

　판사가 허락하자 다부진 체격에 턱수염을 기른 코코프체프가 증인석에 올라 선서를 마쳤다.

나카무라 변호사　　바쁘실 텐데 시간을 내 주셔서 감사합니다. 증인은 원고가 암살되던 날 어떻게 하얼빈 역에 있었던 겁니까?

코코프체프　　나는 러시아의 재무장관으로, 그날 하얼빈 역에서 이토 히로부미 의장을 만나 회담을 하기로 되어 있었어요. 이것은 러시

아와 일본 정부의 대표가 만나는 국제회의로서 아주 중요한 일이었지요. 나는 그 회의를 위해 이토 의장보다 며칠 앞서서 하얼빈에 도착해 회의 준비를 마쳤습니다. 그리고 10월 26일 아침에는 직접 이토 의장을 영접하려고 여러 관리들과 함께 하얼빈 역으로 나갔소이다. 그 자리에는 서양 각국의 외교관들도 있었지요.

나카무라 변호사　국제적인 행사였으니 그만큼 경비도 철저했겠군요.

코코프체프　그래요. 나는 우리 러시아 군사들을 하얼빈 역 곳곳에 배치하였고, 관련된 사람들 외에는 역 안으로 들어오지 못하게 막았어요. 그런데 그런 참변이 일어날 줄이야……. 망신도 그런 망신이 없을 거요. 하얼빈 역에서 테러가 일어난 것은 우리 러시아로선 매우 수치스러운 일이오.

나카무라 변호사　당시 하얼빈 역의 분위기는 어땠습니까?

코코프체프　이토 의장을 환영하는 수많은 사람들과 이토 의장의 방문을 취재하기 위해 몰려든 각국의 기자들로 발 디딜 틈이 없었어요.

나카무라 변호사　다시 말하자면 하얼빈 역에는 피고와 아무런 상관이 없는 일반인들이 많았다는 뜻이로군요.

코코프체프　이토 의장이 타고 있는 열차가 하얼빈 역에 도착하자 분위기는 더 뜨거워졌어요. 나는 수행원과 통역을 데리고 열차로 올라가 이토 의장과 인사를 나눴지요. 그리고 러시아 의장대의 환영을 받으며 함께 열차에서 내렸어요. 그때까지만 해도 잠시 후에 벌어질

비극에 대해선 상상도 하지 못했소이다.

나카무라 변호사　열차에서 내린 다음에는 어떻게 되었나요?

코코프체프　이토 의장은 바로 내 옆에 서 있었어요. 그런데 어디선가 총소리가 들리더니 갑자기 쓰러진 거예요. 여기저기서 비명 소리가 들리고, 사람들이 혼비백산해서 도망치기 시작했지요. 이토 의장이 총에 맞고 쓰러진 뒤에도 세 명이 총에 맞은 걸 보았어요.

나카무라 변호사　그 세 명이 누군지 혹시 기억하시나요?

코코프체프　이토 의장의 비서관인 모리 야스지로, 남만주 철도 이사장인 다나카, 그리고 일본 귀족원 위원인 무로타였어요. 나는 당황했지만 곧 정신을 차리고 총에 맞은 이토 의장을 부축해 열차 안으로 들어갔어요.

나카무라 변호사　증인은 원고 옆에 있었는데, 다치지는 않으셨나요?

코코프체프　난 맞지 않았어요. 그때 만약 내가 총에 맞았다면 조선은 심각한 국제 문제에 얽혀 들었을 것이오. 그만큼 피고가 엄청난 일을 저질렀다는 뜻이지요. 피고는 러시아와 일본 사이의 회담을 망쳤을 뿐만 아니라 이토 의장을 죽였고, 거기다 일본인 관리 세 명에게 중상을 입혔어요. 그리고 하얼빈 역에는 사람들도 많았는데 그들이 총에 맞기라도 했다면 정말 끔찍한 일이 벌어졌을 겁니다. 그러니 이게 테러가 아니면 뭐란 말이오?

나카무라 변호사　열차로 옮겨진 원고는 어떻게 되었습니까?

코코프체프　현장에 있던 러시아와 일본 의사들이 열차 안으로 들어가 이토 의장을 치료하려고 했소. 그러나 이미 총알이 폐와 간에

왜 안중근은 이토 히로부미를 죽였을까?

깊숙이 박혀 목숨이 위태로운 상태였지요. 결국 피고에게 저격당한 지 20분도 지나지 않아서 목숨을 잃었어요.

나카무라 변호사　원고의 죽음에 대한 러시아의 입장은 어땠습니까?

코코프체프　우리 러시아는 피고가 백번 잘못했다는 입장이오. 이토 의장은 러시아를 방문한 손님인데 우리의 관리 지역에서 그와 같은 변을 당했으니 일본에 대한 우리 입장이 매우 난처해졌지요. 당시 러시아는 조선과 일본 사이의 어떠한 문제에도 끼어들지 않으려고 했어요. 내가 화가 나는 건, 피고가 러시아의 관리 지역에서 그런 문제를 일으켰다는 점이에요.

나카무라 변호사　증언 감사합니다. 증인의 말처럼 피고는 원고의 목숨을 앗아 갔으며 일본 관리들 세 명에게 중상을 입힌 테러범입니다. 그런데도 이것이 마치 정의로운 일인 것처럼 포장되는 것은 옳지 않습니다. 여태까지 영화나 뮤지컬에서 보인 피고의 영웅적인 모습은 지나치게 과장되었다고 생각됩니다. 설사 원고가 잘못한 점이 있더라도 결국은 폭력의 희생자임을 잊지 말아야 할 것입니다.

판사　피고 측 변호인, 반대 신문 하시겠습니까?

이대로 변호사　네. 증인에게 묻겠습니다. 증인은 피고가 체포되어 재판을 받을 때 참석한 적이 있으시죠?

코코프체프　그렇소만……. 그게 무슨 문제라도 된단 말이오?

이대로 변호사　아닙니다. 그런데 재판이 열렸을 때를 기억해 보세요. 일본인 재판관과 일본인 변호사, 그리고 일본에 유리한 증인들……. 좀 이상하지 않습니까?

코코프체프　뭐가 이상하다는 거요? 일본의 최고 정치가가 살해당했으니 일본이 재판을 주도하는 게 당연한 것이지요. 피고도 범죄를 저질렀으면 그에 맞는 처벌을 받는 것이 마땅하고.

이대로 변호사　증인도 재판에 참석하였으니 그때 피고가 어떤 진술을 했는지 들으셨겠죠?

코코프체프　기억이 잘 나지 않아요.

이대로 변호사　피고는 원고가 저지른 열다섯 가지 죄를 알리고 의거의 목적을 분명하게 밝혔습니다. 거사를 일으킨 것은 한국의 독립과 동양의 평화를 지키기 위해서라고요. 이제 기억이 나시나요?

코코프체프　기억이 난들 무슨 상관이오? 피고는 이미 재판에서 유죄 판결을 받고 처형당했는데.

이대로 변호사　피고가 하얼빈 의거를 일으킴으로써 세상에 알리려고 했던 것이 무언인지 헤아려 주시기 바랍니다. 러시아도 일본과의 전쟁에서 패한 후 철도 부설권을 빼앗기는 등 얼마나 많은 수탈을 당했습니까? 사실 증인이 원고와 만난 것도 철도 부설권에 대해 논의하기 위해서가 아니었습니까? 증인도 원고가 동양의 평화를 파괴했다는 것을 잘 알고 계실 겁니다.

코코프체프　그렇다 해도 난 피고를 옹호할 생각이 전혀 없어요. 피고가 이토 의장을 죽이는 바람에 우리 러시아가 일본 정부의 눈치를 얼마나 많이 봐야 했는지 아시오?

이대로 변호사　이해합니다. 하지만 피고가 재판을 받을 때를 생각해 보세요. 테러범치고는 너무도 당당하지 않았습니까?

코코프체프　　그렇긴 했어요. 재판을 받는 피고의 모습이 기억에 남아서, 내 회고록에 이토 의장을 죽인 범인이지만 인상이 좋은 자라고 써 놨소. 듣고 보니 그런 것 같기도 하고…….

이대로 변호사　　잘 기억이 안 나시는 것 같아서 제가 그 대목을 대신 읽어 보겠습니다. "안중근은 이토 히로부미를 저격한 사람이지만 인상이 아주 좋았다. 그는 젊고 미남형이며 체격이 날씬하고, 훤칠한 키에 얼굴빛도 희어 일본인과는 전혀 닮지 않았다. 만약 일본 영사관에서 경비를 맡았다면 그가 일본인이 아니라는 사실을 쉽게 알아챘을 것이다." 이렇게 기록했는데, 증인은 이제 기억이 나십니까?

이대로 변호사의 말에 코코프체프가 흔들리자 나카무라 변호사
가 나섰다.

나카무라 변호사　증인에게 그렇게 유도 신문을 해도 되는 겁니까?
비겁한 술수를 쓰지 마세요. 판사님, 이대로 변호사의 신문을 중지
시켜 주세요.

이대로 변호사　나는 증인의 회고록에 있는 내용 중 한 대목을 있는
그대로 읽었을 뿐입니다. 그런데 이게 왜 비겁한 술수인가요? 원고
측 변호인은 이해력이 형편없군요. 판사님, 아직 증인에게 할 질문
이 더 남았으니 신문을 계속하게 해 주세요.

판사　계속 신문하세요.

이대로 변호사　그럼 다른 질문을 하도록 하죠. 하얼빈 의거 직후
각국의 언론들이 어떤 반응을 보였는지 아시나요?

코코프체프　이토 의장을 사살한 피고를 테러범, 암살범이라고 했
어요.

이대로 변호사　하지만 그 뒤 재판이 진행되는 동안 그런 시각이 바
뀌었습니다. 재판을 통해 피고의 진심을 알게 된 것입니다. 영국의
한 신문은 안중근의 승리로 재판이 끝났다는 기사를 싣기도 했죠.
피고가 정말 극악무도한 테러범이었다면 이런 기사가 나왔을까요?

이대로 변호사의 예상치 못한 반격에 코코프체프는 입을 다물었다.

판사 　증인은 더 이상 할 말이 없는 것 같군요. 여기까지 하도록 하죠. 증인은 이만 자리로 돌아가세요.

이대로 변호사 　존경하는 판사님, 피고는 체포된 뒤 일본 총영사관으로 넘겨져 날마다 심문을 받았습니다. 일본은 하얼빈 의거와는 아무런 상관도 없는 국내외 독립지사들까지 체포해 조사를 벌였지요. 또 피고의 고향 집 마루 밑까지 뒤지는가 하면 가족들까지 심문했죠. 이렇게 일주일 동안 조사한 일본은 피고를 비롯해 우덕순과 조도선, 유동하 등을 뤼순 감옥으로 보내기로 결정했습니다.

랴오둥 반도의 가장 남쪽에 있는 뤼순은 본래 러시아가 군사 항구로 개발해 지배하던 곳이었습니다. 그러다가 일본이 러일 전쟁에서 승리한 뒤 이곳을 지배하게 되었죠. 피고가 갇혔던 뤼순 감옥은 한국과 중국의 수많은 정치범과 사상범이 갇혔던 곳으로 유명합니다.

나카무라 변호사 　그래도 피고는 검찰관에게 고문을 당하거나 강압적인 수사를 받지 않았습니다.

이대로 변호사 　원고 측 변호인이 오랜만에 사실을 말하니 기쁘군요. 피고는 처음 얼마 동안 뤼순 감옥에서 편하게 지냈습니다. 일본 정부는 다른 죄수에 비해 피고에게 여러 가지 편의를 제공했습니다. 일주일에 한 번씩 목욕을 하도록 했으며, 매일 두 차례씩 산책할 수 있도록 해 주었지요. 또 서양의 고급 담배와 과자, 우유, 과일 등을 끊임없이 가져다주었습니다. 최고급 내복에다 면 이불도 네 채나 주었어요. 일본인들이 영웅으로 여기는 원고를 저격한 범인에게 극진한 대접을 해 준 것입니다. 나카무라 변호사, 왜 그랬겠습니까?

나카무라 변호사   그, 그걸 왜 내게 묻는 겁니까? 내가 일본 정부를 대표해서 나온 증인도 아닌데…….

이대로 변호사   좋습니다. 나는 그게 바로 피고가 테러리스트가 아니라는 증거라고 봅니다.

판사   그건 무슨 뜻입니까?

이대로 변호사   일본이 피고를 극진히 대접한 것은, 일본의 침략 야욕을 전 세계에 알리려고 했던 피고를 회유하기 위한 술책이었습니다. 당시 일본 정부는 안중근이라는 한 개인이 우발적으로 이토 히로부미를 죽인 사건으로 몰아가려고 했습니다. 그러기 위해 피고를 여느 죄수들과는 달리 극진하게 대우하며 회유하려고 했던 것이지요. 그런데 피고는 거기에 조금도 넘어가지 않고 처음부터 끝까지 일관되게 주장했어요. ▶"이토 히로부미에게 개인적인 원한이 있어서 사살한 게 아니라 한국의 독립군 참모 중장으로서 독립 전쟁 중에 적장을 죽인 것이다"라고 한 겁니다.

일본은 이와 같은 피고의 마음을 돌리기 위해 계략을 썼습니다. 한일병합의 기회를 엿보고 있던 일본으로서는 원고의 죽음이 매우 심각한 문제였습니다. 피고의 뜻대로 하얼빈 의거 소식이 전 세계에 전해지면서, 일제가 한국을 불법적으로 강제 점령하려 한다는 사실이 드러났으니까요. 일제는 그걸 막으려고 피고를 극진히 대우했던 겁니

다. 만약 원고의 주장처럼 피고가 테러리스트였다면 그런 대우를 했

겠습니까?

안중근 　　나는 한국의 독립군 참모 중장으로서 적장을 쏜 것뿐이오!

판사 　　그렇군요.

나카무라 변호사 　　판사님, 이의 있습니다.

판사 　　말씀하세요.

나카무라 변호사 　　피고가 독립군의 입장에서 원고를 사살했다고 하

지만 독립군이라는 증거가 어디에 있습니까? 피고가 원고를 사살할

당시 입었던 옷은 독립군 군복이 아니라 양복이었습니다. 따라서 피

고가 독립군이었다는 것은 일방적인 주장일 뿐입니다.

이대로 변호사　　정말 우스꽝스러운 논리군요. 군인이라고 모두 군복을 입는 건 아닙니다. 더구나 피고가 군복을 입었다면 하얼빈 역으로 들어갈 수가 있겠습니까? 피고는 하얼빈 의거 당시 동의단지회라는 독립군 조직을 만들었을 뿐만 아니라 블라디보스토크에서 활약하던 독립지사들의 적극적인 지원을 받고 있었습니다. 다시 강조하지만, 피고는 한 개인의 원한으로 원고를 사살한 게 아니라 한국 독립군을 대표해 한국 침략의 원흉을 제거함으로써 일제의 침략 야욕을 전 세계에 알리려고 했던 것입니다.

판사　　점점 흥미로워지는군요. 아무튼 피고가 독립군으로 싸운 것인지, 아니면 테러리스트였는지는 여기 계신 배심원들과 본인이 판단할 문제입니다. 오늘 재판은 이것으로 마칩니다.

　땅, 땅, 땅!

안중근이 밝힌 15가지 거사 이유

안중근은 하얼빈 의거 후 체포되어 여러 차례 재판을 받았습니다. 이때 안중근은 대한 의군 참모 중장의 자격으로 이토 히로부미를 저격한 것이라면서 "내가 이토를 죽인 이유는, 이토가 있으면 동양의 평화를 어지럽게 하고 한국과 일본의 관계가 멀어지기 때문에 한국의 의병 중장의 자격으로 죄인을 처단한 것이다. 그리고 나는 한일 양국이 더 친밀해지고, 평화롭게 다스려지며, 나아가 오대주에도 모범이 되어 줄 것을 희망하고 있었다. 결코 나는 오해하고 죽인 것이 아니다"라고 했습니다. 그리고 보다 구체적으로 15가지의 거사 이유를 밝혔습니다.

내가 이토를 죽인 이유 15가지

1. 한국의 명성 황후를 시해한 죄

2. 고종 황제를 폐위시킨 죄

3. 을사5조약과 정미7조약을 강제로 맺은 죄

4. 무고한 한국인들을 학살한 죄

5. 정권을 강제로 빼앗은 죄

6. 철도, 광산, 산림, 천택(내와 연못)을 강제로 빼앗은 죄

7. 제일은행권 지폐를 강제로 사용한 죄

8. 대한 제국 군대를 해산시킨 죄

9. 교육을 방해한 죄

10. 한국인들의 외국 유학을 금지시킨 죄

11. 교과서를 압수하여 불태워 버린 죄

12. 한국인이 일본인의 보호를 받고자 한다고 세계에 거짓말을 퍼뜨린 죄

13. 현재 한국과 일본 사이에 경쟁이 쉬지 않고 살육이 끊이지 않는데 태
    평 무사한 것처럼 위로 천황을 속인 죄

14. 동양 평화를 깨뜨린 죄

15. 일본 천황의 아버지 태황제를 죽인 죄

휴정
인터뷰

다알지 기자

　　오늘은 하얼빈 의거와 관련해 두 번째 재판
이 열렸습니다. 오늘도 재판이 끝날 때까지 원고와
피고 측의 치열한 공방이 벌어졌는데요. 원고 이토 히로부미는 일본인
들에게 존경받던 정치가답게 아직도 권력에 대한 야망이 많은 것 같습
니다. 피고측 증인들은 안중근 의사의 결백함을 주장하며 활약했는데
요. 오늘 재판의 가장 큰 쟁점을 두고 양측의 주장을 들어 보겠습니다.
먼저 원고인 이토 히로부미 씨에게 마이크를 넘깁니다.

이토 히로부미

　　오늘 재판의 핵심은 안중근이라는 총잡이가 나를 어떻게 죽였나를 알아보는 것이었죠. 방청객 여러분이 지켜본 것처럼 안중근은 여러 패거리들을 모아 치밀한 계획을 세웠습니다. 나는 오늘 재판을 지켜보면서 안중근이 조직한 동의단지회라든가 블라디보스토크와 하얼빈에 살던 조선인들이 섬뜩한 인간들이라는 걸 새삼스레 느꼈습니다. 마치 오사마 빈 라덴이 조직한 '알 카에다'라는 테러 조직을 떠올리게 합니다. 다시 말해 안중근은 오사마 빈 라덴이 울고 갈 정도로 무시무시한 테러리스트의 원조였다는 겁니다.

　　여러분, 내가 조선 통감을 그만두고 중국을 방문한 것은 평화롭게 기차 여행을 하며 러시아와 좋은 관계를 맺어 볼 목적이었습니다. 그런 내가 뭘 그리 잘못했다고 함부로 총을 쏴 죽인답니까? 난 이번 재판에서 반드시 이겨 명예를 회복할 작정입니다.

사랑하고 존경하는 역사공화국 시민 여러분, 저는 지금도 이토 히로부미와 같은 인간을 사살하길 정말 잘했다는 생각이 듭니다. 내가 의거를 일으킨 뒤 감옥에 갇혔을 때 국내외의 동포들은 물론 수억 명의 중국인들도 크게 환영하며 항일 투쟁에 대한 용기를 얻었다는 건 잘 알려진 이야기입니다. 당시 국내의 동포들이 일제와 매국노 이완용의 철저한 감시 때문에 꼼짝할 수 없게 되자, 미국에 사는 동포들을 중심으로 성금을 모으고 변호사까지 선임해 나의 옥중 투쟁을 도왔습니다.

　　여러분, 정말 감사합니다. 나는 정의는 반드시 승리한다는 진실을 이번 기회에 확실히 보여 드릴 것입니다. 더구나 이번 재판에서 승리한 뒤 내게 오히려 누명을 씌우려고 했던 이토 히로부미에게 거액의 배상금을 받아 내 그 돈을 모두 불우한 청소년들에게 기부할 것을 약속드립니다.

안중근

안중근 의사가 남긴 것은?

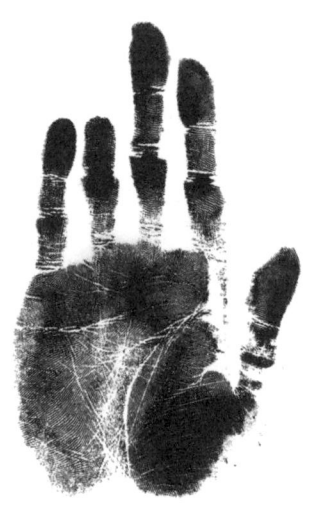

안중근 의사의 손바닥 도장

안중근 의사의 손바닥 도장은 어딘가 특이합니다. 넷째 손가락이 한 마디쯤 짧기 때문이에요. 안중근은 1909년 열한 명의 동지들과 왼손 넷째 손가락 한마디를 잘라 태극기에 피로 '대한 독립'이라 쓰고 나라를 위해 몸 바칠 것을 맹세했습니다. 이것을 '단지 동맹'이라고 하는데, 손가락을 잘라 맺은 동맹이라는 말이지요. 당시 안중근 의사는 침략의 원흉인 이토 히로부미를 3년 이내에 죽이지 못하면 자신이 스스로 목숨을 끊겠다는 굳은 결심을 보이기도 했습니다.

　이러한 안중근 의사의 뜻을 기리기 위해 러시아의 블라디보스토크에는 '단지 동맹 비'가 세워져 있어요. 안중근 의사를 비롯하여 결사의 뜻을 함께한 단지 동맹의 동지는 김기용, 백규삼, 황병철, 조응순, 강순기, 강창수, 정원주, 박봉석, 유치홍, 김백충, 김천화입니다.

일일부독서 구중생형극

생전에 남긴 글씨나 그림을 '유묵'이라고 하는데, 안중근 의사는 유묵을 많이 남긴 것으로 잘 알려져 있습니다. 민족의 교육에도 큰 힘을 쏟았던 안중근 의사는 '하루라도 글을 읽지 않으면 입안에 가시가 돋친다'는 뜻의 이 글을 남겼습니다. 독서의 중요성을 얘기한 이 유묵은 보물 제569-2호로 지정되어 있습니다.

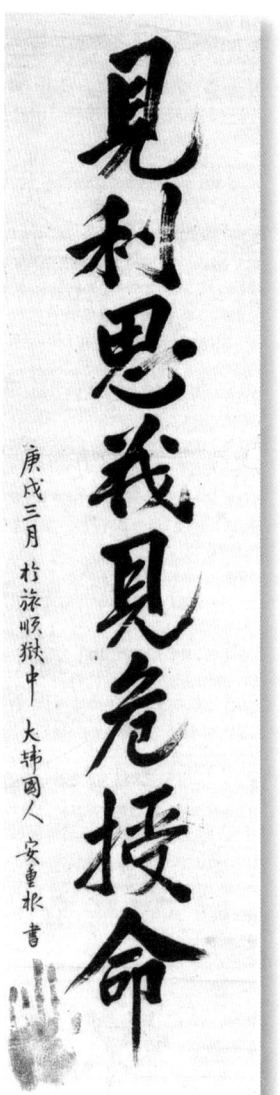

견리사의 견위수명

'이익을 보거든 정의를 생각하고, 위태로움을 보거든 목숨을 바쳐라'라는 뜻으로 『논어』의 「헌문편」을 인용하였습니다. 이익 앞에서 과연 이것을 취하는 게 옳은 일인지 생각하고 나라가 위태로울 때 목숨을 바쳤던 안중근 의사의 삶이 고스란히 담긴 내용이라 할 수 있지요. 유묵 아래 손가락 마디가 끊긴 안중근 의사의 손 도장이 찍혀 있습니다.

위국헌신 군인본분

'나라를 위하여 몸을 바침은 군인의 본분이다'라는 뜻으로, 이 유묵은 안중근 의사가 하얼빈 의거 후 감옥에 있을 때 간수이자 일본군 헌병으로 경호했던 지바 도시치에게 써 준 것입니다. 지바 도시치는 안중근 의사의 인품과 사상에 감복하여 이 유묵을 정성껏 보관하다가 도쿄 국제한국연구원을 통하여 안중근의사기념관에 기증하였습니다.

출처: 안중근의사기념관 http://ahnjunggeun.or.kr

왜 안중근을
영웅이라 부르는가?

1. 안중근에 대한 엇갈린 평가
2. 인간 안중근과『동양 평화론』

안중근에 대한
엇갈린 평가

판사　이번 사건에 대한 마지막 재판을 시작하겠습니다. 지금까지 하얼빈 의거의 과정을 살펴보며 양측의 입장이 어떻게 다른지 알아보았습니다. 오늘은 먼저 피고에 대한 평가가 어떤지 살펴보겠습니다. 먼저 원고 측 변호인, 진술하세요.

나카무라 변호사　네. 지난 재판을 통해 피고가 폭력적인 방법으로 원고를 암살하였다는 것이 명백해졌습니다. 그 이유가 어찌 되었든 무력을 써서 사람을 죽인 것은 용납할 수 없는 일입니다. 우리 역사 공화국에서도 폭력, 살인과 같은 죄에 대해서 엄격한 처벌을 하지 않습니까? 상대방이 아무리 큰 잘못을 저질렀다고 해도 무력으로 대응하는 것은 야만적이고 비도덕적인 행동입니다.

그때 이대로 변호사가 끼어들었다.

의거
정의를 위하여 개인이나 집단이 의로운 일을 도모하는 것을 말합니다.

애도
죽은 사람을 생각하며 슬퍼하는 것을 뜻하는 말입니다.

이대로 변호사   피고가 무력을 썼다는 사실에만 초점을 맞추지 마세요. 나카무라 변호사는 왜 나무만 보고 숲은 못 보는 겁니까? 저는 이번 재판을 하는 내내 피고가 의거를 일으킬 수밖에 없었던 이유를 설명했습니다. 원고로 인해 나라를 빼앗긴 국민의 한 사람으로서 당연히 해야 할 일을 정의롭게 실천한 것입니다. 지난번에도 말했듯이, 피고는 자신의 이익을 위해서가 아니라 오로지 조국의 독립만을 바라는 의로운 마음에서 의거를 일으켰습니다. 이번 재판에 참여한 많은 사람들이 피고가 무죄임을 확신하는 것도 그만큼 명분이 뚜렷했기 때문이지요.

나카무라 변호사   피고가 무죄라고 생각하는 사람들은 일부에 지나지 않고, 대다수 일본인들은 피고를 미워합니다. 원고는 일본 사회에서 존경받았던 정치인입니다. 그래서 원고가 암살당하자 일본인들은 큰 슬픔에 잠겼죠. 원고의 장례식에는 각국의 명망 있는 정치인들이 참여해 애도를 표했습니다. 뿐만 아니라 과거 일본의 1000엔권 화폐에는 원고의 초상화가 실리기도 했죠. 이것만 보더라도 원고가 일본 사회에 끼친 영향이 얼마나 큰지 짐작할 수 있을 겁니다.

이대로 변호사   조선의 식민지화를 이끌었던 원고를 감싸는 게 정당한 일입니까? 원고는 과거 제국주의 침략에 앞장선 것에 대해서 깊이 반성해야 합니다. 일본 사회도 마찬가지이고요.

나카무라 변호사   자꾸 원고의 공을 깎아내리려고 하시네요. 뭐, 좋

무리수

도리나 이치에 맞지 않거나 정도를 지나치게 벗어나는 일을 비유하는 말이지요.

파렴치한

체면이나 부끄러움을 모르는 뻔뻔스러운 사람을 가리킵니다.

습니다. 인정하지 못하겠다면 증인을 불러 입증하는 수밖에 없겠군요. 판사님, ▶대한 제국의 총리대신을 지냈던 이완용 대감을 증인으로 신청합니다.

나카무라 변호사의 말에 법정에 있던 방청객들이 웅성거렸다.

"이완용이라면 나라를 팔아먹은 대표적인 매국노 아니야?"

"맞아. 나카무라 변호사가 **무리수**를 두는군. 신성한 법정에 저런 **파렴치한**을 증인으로 세워도 되는 거야?"

"이거 점점 재미있게 흘러가는걸. 이완용이 어떤 말을 할지 궁금하군."

판사   방청객들은 정숙하세요. 원고 측 변호인의 증인 신청을 허락합니다. 증인은 선서하세요.

이완용   나 이완용은 거짓 없이 사실만을 증언하겠소이다.

나카무라 변호사   이렇게 선뜻 나와 주셔서 감사합니다.

이완용   아니, 먼저 짚고 넘어가야 할 것이 있어요. 많은 사람들이 나에 대해서 오해하고 있는 것 같은데 말이오……. 아까 방청객들이 나를 욕하는 것도 다 들었어요! 나의 억울한 마음을 이 자리에서 좀 풀어야겠소.

판사   증인, 여기는 증인이 억울함을 푸는 자리가 아닙니다. 개인적인 이야기는 삼가세요.

교과서에는

▶ 일제는 군대와 경찰로 우리 민족의 저항을 미리 차단하고, 이완용을 중심으로 한 매국 내각과 합방 조약을 체결하였습니다.

이완용　　혹시 판사님도 속으로 나를 매국노라고 욕하는 것이오? 그래서 내가 말을 못하게 막는 것이오?

판사　　그게 무슨 생뚱맞은 말입니까? 자꾸 재판 진행을 방해하면 퇴정시킬 수도 있습니다. 주의하세요.

나카무라 변호사　　변호인으로서 대신 사과드립니다. 그동안 증인의 가슴에 맺힌 것이 많았나 봅니다. 판사님께서 넓은 마음으로 이해해 주세요.

판사　　흠, 지켜보겠습니다. 그럼 증인 신문을 시작하세요.

나카무라 변호사　　감사합니다. 증인은 원고와 잘 아는 사이였나요?

이완용　　두말하면 잔소리요. 내가 이토 히로부미 의장을 만난 것은 을사조약을 맺을 때였어요. 나는 을사조약 체결에 찬성했기 때문에 이에 적극적으로 나섰지요. 그때 이토 의장의 신임을 받게 되었고, 을사조약이 체결된 뒤에는 이토 의장의 추천으로 내각 총리대신 자리에까지 오르게 되었어요.

나카무라 변호사　　증인은 을사조약을 체결하는 데 앞장섰다는 이유로 매국노로 몰리지 않았습니까?

이완용　　그렇소. 사람들이 폭동을 일으켜 우리 집을 습격하고 불을 질렀어요. 나를 죽이려는 자들의 칼에 맞아 내가 중상을 입은 적도 있지요.

나카무라 변호사　　정말 큰일 나실 뻔했군요.

이완용　　그땐 눈앞이 캄캄했지. 나처럼 훌륭한 관리를 몰라보는 자들을 모조리 처벌했어야 했는데.

이완용이 이재명 의사의 칼에 찔려 대한의원으로 옮겨졌다고 보도한 1907년 12월 24일 자 『황성신문』

이대로 변호사 역시 매국노다운 발언만 하는군요. 부끄러운 줄도 모르고…….

나카무라 변호사 이대로 변호사, 지금은 내가 신문하는 중이니 끼어들지 마세요. 판사님, 피고 측 변호인에게 주의를 주시기 바랍니다.

판사 피고 측 변호인은 반대 신문할 때 발언하세요.

나카무라 변호사 감사합니다, 판사님. 다시 증인에게 묻겠습니다. 증인은 원고가 죽었다는 소식을 듣고 어떤 마음이 들었습니까?

이완용 그 소식을 듣고는 하늘이 무너지고 땅이 꺼지는 줄 알았어요. 어떻게 조선에 그처럼 흉악무도한 자가 다 있을까 하는 생각에 잠도 잘 수가 없었지요.

나카무라 변호사 그렇다면 같은 조선인으로서 피고의 행위를 부끄럽게 여긴 것이군요.

이완용 물론이지요. 예로부터 우리나라를 동방예의지국이라고 했는데, 피고처럼 은혜도 모르는 자가 나타나 세계적으로 망신을 시키니 얼마나 참담했는지 모르오.

나카무라 변호사 증인은 피고가 테러리스트라는 걸 인정하십니까?

이완용 백주 대낮에 이토 의장과 같은 훌륭한 분을 사살했으니 그게 테러리스트가 아니면 뭐란 말입니까? 옛날 같으면 피고는 능지처참을 당했을 겁니다.

나카무라 변호사　말씀 감사합니다.

판사　이번엔 피고 측 변호인이 반대 신문을 하시기 바랍니다.

이대로 변호사　드디어 기회가 왔군요. 증인께선 당시 일본이라는 나라를 어떻게 생각하셨습니까?

이완용　사실 메이지 유신이 일어나기 전만 해도 일본은 조선에 비해 한참 뒤떨어진 나라였어요. 하지만 메이지 유신을 통해 차츰 국력을 키워서 아시아의 신흥 강국으로 발돋움했지요. 더구나 청일 전쟁과 러일 전쟁에서 연거푸 승리한 뒤에는 일본이 아시아 최고임을 인정해야만 했어요. 난 그렇게 성장해 가는 일본에 큰 매력을 느꼈어요. 당시 조선은 마지못해 개항을 했고, 청나라로부터 겨우 독립하긴 했지만 여러 서양 강대국의 위협과 압력을 받고 있었어요. 그런 때에 아시아의 강대국으로 발돋움한 일본이 나섰던 것이오. 일본은 한국, 중국, 일본 세 나라가 손잡고 서양 세력을 몰아내자고 제안했는데, 나는 그 주장이 옳다고 여겼소이다.

이대로 변호사　증인이 을사조약에 찬성하고 적극 나선 것도 그런 이유 때문입니까?

이완용　물론이오. 당시 대한 제국의 외교력은 형편없었거든. 그런데 일본이 한국을 대신해 한국의 입장에서 외교권을 행사해 주겠다니 얼마나 고마운 일이오?

이대로 변호사　자기의 권리를 빼앗기고도 고마워했다니 제정신이 아니었군요.

나카무라 변호사　판사님, 피고 측 변호인이 증인의 인격을 모독하고 있습니다.

판사　지금 발언은 개인적인 생각을 말한 것일 뿐 인격 모독이라 할 수 없습니다. 피고 측 변호인은 계속 신문하세요.

이대로 변호사　감사합니다. 증인은 원고가 사살되었다는 소식을 듣고는 마치 아버지가 돌아가신 것처럼 크게 슬퍼했습니다. 1909년 11월 4일 원고의 장례식이 열렸을 때는 그를 추모하는 모임을 이끌기도 했지요. 그때 "이토 히로부미 의장은 나의 스승이시다"라고 하면서 피고 안중근을 맹렬히 비난했습니다. 그렇지 않습니까?

이완용　사실이오. 당시 나는 이토 의장을 스승으로 받들었으므로 스승을 죽인 안중근을 원수로 여겼던 거지요. 예로부터 군사부일체라 하여 임금과 스승, 아버지의 원수는 반드시 갚는 게 사람의 도리라 하지 않았소?

이대로 변호사　고종 황제를 몰아내고 나라를 팔아넘긴 매국노가 사람의 도리를 말하다니, 내가 혹시 잘못 들은 건가요? 갈수록 어이가 없군요.

이완용　그렇게 어이가 없다면 더 이상 질문할 것도 없겠네. 그럼 나는 일어나도 되겠소?

이대로 변호사　그건 제가 판단할 문제는 아닌 것 같군요. 다만 증인 때문에 약 40년 동안 나라를 잃고 슬퍼했던 동포들에게 사죄할 뜻이 있는지 묻겠습니다.

이완용　내가 뭘 그리 잘못했다고 그러시오? 나도 나라를 위해서

일한 것뿐이오. 그러니 매국노라고 손가락질 좀 하지 마시오.

이완용의 발언을 듣던 방청객들이 크게 술렁거렸다.

"세상에, 저처럼 뻔뻔한 사람은 처음 보네. 정말 어이가 없군."

"그러니까 친일 매국노의 우두머리 아닌가."

판사   모두 조용히 하세요. 증인은 그만 가셔도 됩니다. 혹시 폭력
을 당할지 모르니 법정 경위가 경호해 주세요.

2

인간 안중근과
『동양 평화론』

판사 　 이번에는 피고의 옥중 생활과 사형당할 때까지의 과정을 알아보겠습니다. 먼저 피고 측 변호인이 진술하세요.

이대로 변호사 　 저는 피고가 테러리스트가 아니었다는 사실을 증명하기 위해 피고의 옥중 생활을 감시했던 지바 도시치 씨를 증인으로 신청합니다.

판사 　 허락합니다.

　지바 도시치가 증인 선서를 하고 나자 이대로 변호사가 신문을 시작했다.

이대로 변호사 　 증인에 대해 잘 모르는 분을 위해 간단히 자기소개를 해 주시겠습니까?

지바 도시치　　나는 그 당시 일본 육군의 상등병으로 있었어요. 안중근 의사가 뤼순 감옥에 있을 때 그를 호송하는 **간수**로 차출되었지요.

이대로 변호사　　그때 증인은 피고가 무슨 죄로 구속되었는지 알고 있었습니까?

지바 도시치　　당연히 알고 있었어요. 당시 안중근 의사의 의거는 한국과 일본뿐만 아니라 전 세계적인 뉴스로 떠올랐는걸요.

이대로 변호사　　피고가 일본의 거물 정치인인 이토 히로부미를 사살한 죄로 갇혔는데 그때 기분이 어땠습니까?

지바 도시치　　나는 안중근 의사의 소식을 듣고 매우 멋있는 분이구나, 한국에 저런 인물이 있다니 일본이 한국을 함부로 대해선 안 되겠다는 생각이 들었습니다.

이대로 변호사　　지금 원고 측에서는 안중근 의사를 테러리스트라고 비난하면서 그 죄를 묻기 위해 소송을 제기했습니다. 그런데 같은 일본인으로서 피고를 멋있는 분으로 여겼다니 뜻밖이군요.

지바 도시치　　나 또한 무력을 써서 사람의 목숨을 빼앗는 것은 옳지 않다고 생각합니다. 하지만 일본이 한국을 강제로 지배하려 들지 않았다면 그런 일도 일어나지 않았겠지요. 안중근 의사가 괜히 사람을 죽였겠습니까? 그런 점에서 안중근 의사의 죄를 묻기 전에 일본이 먼저 반성해야 합니다. 특히 한국 침략의 원흉으로 손꼽히는 원고의 입장에선 더욱 그렇습니다.

간수
보살피고 지킨다는 의미로 '교도관'을 가리키는 말입니다.

이대로 변호사   그렇군요. 증인은 안중근 의사를 처음 만났을 때 무슨 말을 했습니까?

지바 도시치   나는 안중근 의사의 의거 소식을 들었을 때 그를 영웅이라 생각했습니다. 그런 생각이 든 건, 당시 한국과 일본의 입장을 바꿔서 생각해 보았기 때문입니다. 한국이 일본을 강제로 점령하려 했다고 가정해 본 거지요. 그럴 때 일본의 군인 중 일본 침략을 주도한 한국의 정치 지도자를 제거할 배짱을 가진 인물이 있을까 하고 말입니다. 그런 점에서 같은 군인으로서 안중근 의사가 참 멋있는 분이라고 생각했지요. 그런데 직접 만나 보니 더욱 존경스러웠고 인간적인 매력을 느꼈습니다. 같은 남자로서 그와 같은 영웅을 호송하게 된 것이 영광스러웠습니다. 처음 만났을 때 "일본이 한국의 독립을 위협한 것은 참으로 유감입니다. 일본인의 한 사람으로서 깊이 사죄합니다"라고 인사했지요.

이대로 변호사   그때 피고는 뭐라고 대답했습니까?

지바 도시치   내 손을 잡으면서, "일본의 군인에게 그런 말을 들으니 감동적이오. 한 사람이 역사의 흐름을 바꿀 수는 없어요. 마찬가지로, 내 의거로 인해 일본이 한국을 지배할 뜻을 접을 거라고 생각하지는 않아요. 하지만 적어도 이번 일을 계기로 한국의 동포가 애국심과 독립심을 굳건히 키우고, 특히 나의 후배와 후손 들이 내 뜻을 이어받아 반드시 독립을 이뤄 낼 것으로 믿소"라고 했습니다.

이대로 변호사   증인과 같이 피고를 인간적으로 존중했던 일본인이 많은 것으로 알고 있는데 간단히 소개해 주시겠습니까?

지바 도시치 　　하얼빈 의거 당시 안중근 의사에게 실탄을 맞은 남만주 철도의 다나카 이사장의 경우가 대표적입니다. 그분은 "안중근은 세계적으로 훌륭한 사람이다. 나는 안중근이 총 쏘는 모습을 보면서 그가 신과 같다는 느낌이 들었다. 태연하고 남자다웠으며 늠름했다"고 했습니다. 자신에게 총을 쏜 사람에게 이런 찬사를 바칠 정도로 안중근 의사에겐 인간적인 매력이 있었죠. 또 뤼순 지방법원의 히라이시 판사는 이런 말을 했습니다. "안중근은 대단히 훌륭한 사람이다. 남자로서 그런 사람은 처음 보았다. 그는 죄수로서 모범적이었다기보다는 한 인간으로서 훌륭했다."

이대로 변호사 　　결론적으로 증인은 피고가 테러리스트라는 생각에 동의하지 않는 겁니까?

지바 도시치   물론입니다.

이대로 변호사   증인처럼 일본에도 양심적이며 정의로운 분들이 있다는 걸 알게 되어 매우 기쁩니다. 오늘 증언 감사합니다.

판사   이번엔 원고 측 변호인이 반대 신문을 하십시오.

나카무라 변호사   증인이 피고에게 인간적인 매력을 느꼈다니 뭐 그렇다고 칩시다. 하지만 인품이 훌륭하다고 해서 범죄 사실이 달라지는 것은 아닙니다. 피고가 전 세계의 이목이 집중된 가운데 원고를 사살한 사실이 바뀌는 게 아니라는 뜻이죠. 인정하십니까?

지바 도시치   인정합니다.

나카무라 변호사   그렇다면 그 행위가 테러였다는 것도 인정하시겠군요.

지바 도시치   그건 인정하지 않습니다.

나카무라 변호사   왜 그렇습니까?

이대로 변호사   판사님, 이의 있습니다. 증인은 역사적인 사실을 증언하러 나온 것이지 개인적인 견해를 밝히려고 이 자리에 나온 게 아닙니다. 따라서 개인의 생각을 강요해서는 안 됩니다.

판사   인정합니다. 원고 측 변호인은 관련 사실만 신문해 주세요.

나카무라 변호사   알겠습니다. 증인은 피고로부터 붓글씨를 선물 받은 적이 있지요?

지바 도시치   그렇습니다. '위국헌신 군인본분(爲國獻身軍人本分)', 즉 '나라가 위급해지면 몸을 바치는 것이 군인의 본분이다'라는 뜻의 붓글씨를 받았어요.

나카무라 변호사 그 붓글씨에 대한 보답으로 피고를 감싸고 있는 것은 아닙니까?

지바 도시치 참으로 터무니없는 말이오. 그 작품을 받기 훨씬 전부터 난 안중근 의사를 존경했어요. 그래서 어느 날 안중근 의사에게 "저와 같은 군인을 위해 붓글씨를 써 주시기 바랍니다"라고 정중하게 부탁했어요. 당시 안중근 의사는 감옥에 있으면서 자서전과 『동양 평화론』의 원고를 썼고 틈틈이 붓글씨도 많이 썼는데, 그것은 안중근 의사가 서예 전문가는 아니지만 글씨가 힘차면서도 기품이 있고 담고 있는 뜻도 깊어서 그를 존경하던 수많은 일본인들이 써 달라고 부탁했기 때문이지요. 일본인 검사와 법관, 변호사, 군인 들이 안중근 의사를 만나기만 하면 붓글씨를 써 달라며 매달렸단 말이오. 나도 그런 일본인 중 하나로, 조심스럽게 부탁을 드렸던 것이오. 그때 안중근 의사는 "오늘은 글씨를 쓸 마음이 없소. 나중에 기회가 되면 꼭 써 주겠소"라고 했습니다. 그리고 1910년 3월 26일, 사형 당하기 직전에, 그러니까 감옥을 나와 사형장으로 끌려가기 직전에 그 글씨를 내게 써 준 것이오.

나카무라 변호사 피고가 감옥에서 붓글씨를 많이 썼다는 건 압니다. 더구나 그가 남긴 작품들은 전문 서예가들의 작품보다 훨씬 비싸게 매매된다고 하더군요. 증인은 바로 그런 점을 염두에 두고 안중근 의사를 감싸는 게 아닙니까?

지바 도시치 답변할 가치가 없는 치졸한 질문이오. 나는 그 작품

을 나중에 한국으로 반환하라고 유언을 남겼어요. 만약 돈을 벌 목적으로 안중근 의사를 영웅이라고 칭송했다면 그에게 받은 선물을 왜 돌려주라고 했겠습니까?

나카무라 변호사　　그건…….

　　나카무라 변호사가 더 이상 질문할 게 없다고 말하자, 지바 도시치는 증인석에서 물러났다.

판사　　판사로서 피고에게 묻겠습니다. 피고는 뤼순 감옥에 있으면서 『동양 평화론』을 썼다고 하는데 무슨 내용입니까?

안중근　　제목 그대로 동양의 평화를 위해 한국, 중국, 일본이 서로 협력하고 교류하자는 내용입니다.

판사　　그 책을 왜 쓰게 되었습니까?

안중근　　나는 어느 한 나라가 약한 나라를 침략하고 지배하는 것을 용납할 수 없었습니다. 한국, 중국, 일본 세 나라는 수천 년 동안 역사적으로 깊은 관계를 맺어 왔습니다. 특히 한국은 중국의 앞선 문물을 받아들이고 그것을 일본으로 전해 주는 다리 역할을 해 왔지요. 그런데 세 나라 중 유독 한국만 두 나라의 침략에 시달렸습니다. 조선 시대만 해도 임진왜란과 정묘호란, 병자호란을 겪었지요. 그 뒤 20세기 초에 다시 일본이 임진왜란 때처럼 한국을 지배하려고 드니, 이런 식으로는 동양의 평화가 이루어질 수 없고 세 나라 모두 서양 강대국의 제물이 된다고 판단하여 그 책을 쓰려고 했습니다.

판사　　책을 끝내 완성하지 못한 것으로 알고 있는데, 왜 그런 것입니까?

안중근　　일본 정부의 간악한 음모 때문이었습니다. 나는 뤼순 감옥에 있으면서 비교적 자유롭게 지낼 수 있었는데, 그 이유는 앞에서 이대로 변호사가 말한 것처럼 하얼빈 의거를 한 개인의 우발적인 범행으로 몰아가려는 일본 정부의 술책 때문이었어요. 하지만 내가 그런 술수에 넘어가지 않자 일본 정부는 나를 본격적으로 핍박하기 시작했습니다. 그리하여 사형 집행일이 다가올 무렵 내가 『동양평화론』을 완성할 때까지 사형 집행을 미뤄 달라고 요구하자 처음엔 "걱정하지 말고 어서 원고를 쓰세요" 하더니, 미처 그 책을 끝마치기

교수형
사형수의 목을 졸라 질식시켜서
죽이는 형벌입니다.

도 전에 나를 사형시킨 거예요. 그런 이유로『동양 평화론』이 미완성으로 남게 되었지요.

판사 그런 이유가 있었군요. 피고 측 변호인, 피고가 사형당할 때의 일을 진술해 주시겠습니까?

이대로 변호사 피고는 하얼빈 의거를 일으킨 지 다섯 달 되던 1910년 3월 26일에 사형당했습니다. 그날 아침 피고는 친지들이 미리 가져다준 하얀 한복으로 갈아입었습니다. 그리고 '위국헌신 군인본분'이란 글씨를 비단에 써서 지바 도시치에게 준 다음 감방에서 나왔어요. 지바 도시치에게 "그동안 내게 친절하게 대해 주어 고맙소. 나중에 한국과 일본이 사이좋게 지내는 때가 있으면 다시 태어나 만납시다"라고 인사를 건넸는데, 지바 도시치는 너무 슬픈 나머지 "감사합니다"라는 말만 건넸다고 합니다. 목이 메어 더 이상 말을 못했던 거죠. 피고는 오전 9시에 사형장으로 끌려가 한 시간 뒤인 오전 10시에 평안한 얼굴로 교수형을 당해 세상을 떠났습니다.

판사 유언을 남겼을 텐데요?

이대로 변호사 사형당하기 전날 두 아우인 정근과 공근이 면회를 왔습니다. 피고는 그때 "내 시신을 하얼빈 공원에 묻었다가 우리나라가 국권을 되찾거든 유해를 가져와 고국에 묻어 달라"고 했어요. 그리고 사형 직전에는, "나는 한국의 독립을 되찾고 동양의 평화를 지키기 위해 3년 동안 해외에서 모진 고생을 하다 결국 그 목적을 이루지 못하고 이곳에서 죽습니다. 우리들 2,000만 형제자매가 저마다 학문에 힘쓰고 경제를 발전시키며 내 뜻을 이어 자유 독립을 되찾는

모두가 학문에 힘쓰고 내 뜻을 이어 나라를 되찾는다면 여한이 없겠습니다!

다면 아무런 여한이 없겠습니다"라는 유언을 남겼습니다.

판사　　그런데 피고의 유해를 고국 땅에 묻어 달라는 유언은 지켜지지 않았군요.

이대로 변호사　　그렇습니다. 일본은 피고의 유해가 묻힌 곳이 항일 독립 투쟁의 성지가 될 것을 염려해 유해가 묻힌 곳을 철저히 숨겼고, 그로 인해 지금까지 정확한 위치마저 찾지 못했어요. 원고가 주장하는 것처럼 피고가 단순한 테러리스트였다면 일본 정부가 그처럼 두려워할 이유가 없었을 것입니다.

판사　　좋습니다. 이상으로 원고 이토 히로부미가 소송을 제기한 이번 재판을 통해 피고 안중근이 하얼빈 의거를 일으킨 배경과 과정, 사형당할 때까지의 일들을 알아보았습니다. 원고와 피고의 치열한 법정 공방과 증인들의 진술은 최종 판결에 반영될 것입니다. 잠시 휴정한 뒤 양측의 최후 진술을 듣고 오늘의 재판을 마치겠습니다.

왜 안중근은 이토 히로부미를 죽였을까?

다알지 기자

안녕하십니까. 법정 뉴스의 다알지 기자입
니다. 모두의 이목이 집중되는 가운데 드디어
안중근 의사와 이토 히로부미의 치열했던 마지막
재판이 끝났습니다. 이번 재판에서 안중근 의사의 강직한 성품과 존경
받을 만한 언행이 확실하게 입증된 것으로 보이는데요. 이토 히로부미
측도 이에 질세라 많은 증인을 대동해서 맞섰습니다. 이제 최후 진술
만을 앞둔 긴장된 시점에 양측의 입장을 안 들어 볼 수 없겠네요. 마침
저기 당당하게 걸어 나오는 원고를 먼저 만나보겠습니다.

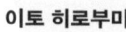

이토 히로부미

여러분, 안중근이 날 죽이자 당시 한국의 순종 황제가 어떻게 한 줄 아십니까? 직접 통감부까지 행차해 슬피 울었고 내게 '문충'이란 시호를 내렸습니다. 더구나 그의 아버지 고종은 "이토 히로부미는 한국의 자애로운 아버지와 같은 분인데 그런 분을 사살한 흉악한 자가 한국인이라니 매우 부끄럽다"라고 탄식했어요.

여러분은 내가 1907년 정미7조약을 맺기 전에 고종 황제를 몰아내고 대한 제국 군대를 해산시켜서 고종 황제가 나를 미워하는 줄 알았겠지만 사실은 그렇지 않아요. 내가 한국인들을 매우 사랑했고 한국의 장래를 위해 노력했기 때문에, 고종 황제도 나 이토 히로부미를 가리켜 '한국의 자애로운 아버지'라고 부른 것입니다.

특히 나는 도요토미 히데요시와 함께 '가장 유명한 일본인'으로 손꼽히는 인물입니다. 그런데 아무 이름도 없이 총질만 하던 안중근이 이처럼 유명한 나를 죽임으로써 세계에 이름을 떨치고 한국인들에게 영웅처럼 존경받고 있으니 참으로 억울합니다. 이번 재판에서 반드시 승리해 명예를 회복하겠습니다.

왜 안중근은 이토 히로부미를 죽였을까?

안중근

내가 하얼빈 의거를 일으켰을 때 친일 매국노들은 어쩔 줄 몰라 하며 집 안에 꼭꼭 숨는가 하면, 아버지라도 돌아가신 것처럼 슬퍼했습니다. 방금 이토 히로부미가 말했듯이 고종 황제와 순종 황제도 이토 히로부미를 찬양하고 대신 나를 흉악무도한 자로 비난했던 것도 사실이고요.

고종 황제, 순종 황제는 왜 이토 히로부미를 떠받들었을까요? 당시 일본은 한국을 강제 병합할 준비를 모두 마치고 그 기회만 노리고 있었어요. 그렇다 보니 순종 황제는 이름만 황제였을 뿐 아무런 권한도 위엄도 없었습니다. 이완용과 이토 히로부미의 압력을 받아 상왕으로 물러난 고종은 더욱 비참한 생활을 보내고 있었지요. 사실상 그분들은 통감부와 친일 매국노에게 철저히 감시받는 인질과도 같았어요.

일제의 강압과 위협을 받던 터라 그 당시 뜻대로 말하고 행동하실 수 없었던 거지요. 일제는 제2, 제3의 안중근이 나타날까 봐 두 분에게 압력을 넣어 나를 흉악한 자로 몰아갔던 것입니다.

나는 동양의 평화를 위해
힘써 온 사람이오!
VS
한국의 자주독립을 짓밟은
이토 히로부미는 반성하시오

판사 마지막으로 양측의 최후 진술을 듣고 판결을 내리겠습니다. 먼저 원고가 말씀하세요.

이토 히로부미 존경하는 판사님, 그리고 배심원 여러분, 나는 일본에서 가난한 농민의 아들로 태어나 불우한 환경을 딛고 일본에서 최고위 정치가로서 활동했습니다. 일찍이 서양으로 유학해 학문을 익히고 서양 문물을 체험하고 돌아와 일본을 근대화하는 데 큰 역할을 했습니다. 그 공을 인정받아 내각 총리대신, 추밀원 의장, 귀족원 의장 등 수많은 관직을 거쳤으며, 특히 내각 총리대신은 네 차례나 지냈지요. 1905년에는 특명 전권 대사로 임명되어 을사 보호 조약을 체결하는 데 큰 공을 세웠고, 초대 통감으로 한국과 일본의 우호를 다지는 데 이바지했습니다.

평생 동안 동양 평화를 위해 힘써 왔던 나는 일본 추밀원 의장 자격으로 1910년 10월에 러시아의 재무장관과 회담하기 위해 하얼빈을 방문했다가 피고 안중근의 테러로 그만 죽음을 맞게 되었습니다. 그 뒤로 한국인들은 나에 대해 '한국 침략의 원흉'이라며 비난하고 있는데, 이것은 한국을 지켜 주었으며 동양의 평화를 위해 노력한 내게는 매우 억울한 일이 아닐 수 없습니다. 따라서 나는 이번 재판을 통해 나를 암살한 피고의 극악무도함을 알리고 그로 인해 훼손당한 나의 명예를 회복하고자 합니다. 판사님과 배심원 여러분의 현명한 판단을 기대하겠습니다.

판사 이번엔 피고가 최후 진술을 하세요.

안중근 나는 최후 진술에 앞서 이토 히로부미의 궤변에 어이가 없다는 말을 먼저 하고 싶습니다. 그가 일본의 가난한 농민의 아들로 태어나 내각 총리대신을 몇 차례나 지낼 정도로 큰 업적을 남겼다는 사실은 인정합니다. 그리고 많은 일본인들이 그를 중요한 정치인으로 추앙하는 마음도 인정하겠습니다. 하지만 모든 것은 상대적인 게 아닙니까?

원고가 일본의 발전을 위해 업적을 남겼고 그런 이유로 일본인들의 존경을 받는 것처럼, 나 또한 나라의 독립을 위해 목숨을 바침으로써 한국인들에게 애국지사로 받들어지고 존경받게 되었습니다. 내가 하얼빈에서 이토 히로부미를 사살하자 중국의 수많은 사상가, 정치가, 문인들이 극찬을 하며, 수억 명의 중국인이 이루지 못한 일을 한국인 안중근이 혼자서 해냈다고 추앙했지요.

물론 무력을 통해 적국의 요인을 암살하는 게 결코 바람직한 일이 아니라는 건 인정합니다. 하지만 나의 행위는 오늘날 일반적으로 이야기되는 테러와는 그 차원이 달랐습니다. 이토 히로부미는 강대국으로 성장한 일본의 힘과 군사력을 이용해 한국을 강제로 지배하려고 했습니다. 이 과정에서 국모로 존경받던 명성 황후를 시해했고, 일본의 만행을 막으려 했던 수십만 명의 동학 농민군과 의병들의 목숨을 빼앗았습니다.

아직도 일본 정부는 한국을 강제로 통치하고 수많은 목숨을 앗아갔던 일에 대해 진심 어린 사과를 하지 않고 있습니다. 사과는커녕, 역사적·국제적으로 한국 영토로 인정되어 왔고 일본 스스로도 한국의 영토임을 인정했던 독도에 대해 영유권을 주장하고 있습니다. 나는 일본인들 모두가 이렇게 자기 잘못에 눈감은 뻔뻔한 사람들만 있는 것은 아니라고 믿고 싶습니다.

아무튼 이번 재판을 통해 내가 이토 히로부미를 사살한 원인이 밝혀졌으며 그 행위 또한 요즘 이야기되는 테러와는 아무 관계가 없음이 명백해졌다고 생각합니다. 판사님과 배심원 여러분의 현명하신 판단을 기대합니다.

판사 지금까지 재판에 참여했던 양측 변호사와 배심원단, 방청객, 그리고 끝까지 자리를 함께한 기자 여러분들 모두 수고 많으셨습니다. 배심원의 판결서는 4주 후에 저에게 전달될 예정입니다. 배심원의 판결 결과는 공개하지 않을 것이며, 법관의 판결은 배심원의 의견에 구속되지 않습니다. 즉, 배심원의 의견은 참고 사항일 뿐 이를 법관이 절대적으로 따라야 하는 것은 아닙니다. 나는 다만 배심원의 판결서를 참고하여 4주 이후에 판결문을 공개하겠습니다. 그때까지 방청객과 기자 여러분도 이번 재판에 대해 각자 판결을 내려 보시기 바랍니다.

땅, 땅, 땅!

역사공화국 한국사법정 재판 번호 53 이토 히로부미 vs 안중근

주문

역사공화국 한국사 법정은 원고 이토 히로부미가 피고 안중근을 상대로 제기한 명예 훼손에 따른 정신적 손해 배상 청구를 기각한다.

판결 이유

원고 이토 히로부미는 피고 안중근이 1909년 10월 26일 만주 하얼빈 역에서 자신을 죽인 것은 명백한 테러이며 그 일로 인해 원고가 한국 침략의 원흉으로 지목된 것이 부당하고 심각한 명예 훼손에 해당한다며 소송을 제기했다. 이에 대해 피고는 자신의 가족사와 독립군이 되어 벌였던 항일 투쟁의 한계 등 하얼빈 의거를 일으킬 수밖에 없었던 당시 상황을 진술하였다.

원고의 주장처럼 피고가 1909년 10월 26일 만주 하얼빈 역에서 원고를 사살한 사실은 명백하다. 하지만 피고가 조국의 독립을 위해 독립군 신분으로 국권 침탈의 당사자를 사살했다는 점에서 명분과 테러 대상이 모호한 일반 테러와는 그 성격이 다르며 따라서 그 행위를 테러라고 규정할 수 없다는 게 본인과 배심원단 대다수의 의견이다.

1905년 을사조약을 맺은 뒤 일제는 한국인을 무력으로 억압했고 경제적 약탈을 통해 일본에 예속되게 만들었다. 하지만 당시 대다수 한국인들은 다른 나라의 간섭을 받지 않는 독립국을 염원했고, 독립을 찾기 위해선 해외로 망명해 일제에 무력으로 맞서야 한다고 판단했으며, 하얼빈 의거도 그 전쟁 과정에서 일어난 일이었다. 이런 점에서 피고가 원고의 목숨을 빼앗은 사실은 인정되지만, 그 일로 원고의 명예가 훼손되었다고 볼 수는 없다.

본인은 피고가 무력을 써서 원고의 목숨을 빼앗은 건 옳지 않음을 말하고자 한다. 하지만 피고는 개인적 원한 때문에 벌인 일이 아니며, 원고가 조선의 국모인 명성 황후를 시해한 배후이고 무력으로 수많은 한국인의 목숨을 빼앗았으며 결국 한국을 강제 점령하게 만든 인물이었다는 점에서 피고의 행위는 정당성을 인정받을 만하다. 또한 피고의 행위를 테러라고 규정할 경우 항일 독립군의 투쟁과 의열단원의 활약, 한인 애국단에 속한 이봉창, 윤봉길의 의거 등 모든 독립운동을 테러라고 불러야 하는 모순이 일어난다.

이런 이유로 원고가 안중근의 행위를 테러로 규정하고 그로 인해 명예가 훼손되었다고 제기한 이번 소송에 대해 원고의 주장을 기각한다.

역사공화국 한국사법정 담당 판사 공정한

"역시 우리의 영웅 안중근 의사야!"

안중근 의사는 재판에서 승리하자마자 거꾸로 이토 히로부미를 고소해 큰 액수의 손해 배상금을 받아 냈다. 그리고 자신이 약속한 대로 그 돈을 모두 불우한 청소년들을 위한 장학금으로 기부했다. 물론 내게는 한 푼도 주지 않았다.

그런 이유로 나는 재판에서 이기고도 승리의 기쁨을 누릴 수가 없었다. 그동안 내가 이 소송에 대비하느라 얼마나 많은 역사책과 논문을 읽었는데⋯⋯. 그래서 나는 주먹을 불끈 쥐며 '다음부터는 절대로 무료 변론은 맡지 않겠어'라고 다짐했다.

그때 비서가 내 방문을 노크했다.

"변호사 님, 안중근 의사가 오셨는데요."

나는 안중근이란 말에 경기가 나는 것 같았다.

"뭐, 뭐라고? 안중근 의사가 왜 또 오셨는데?"

"그건 저도 모르죠. 지금 자리에 없다고 할까요?"

무슨 비서가 이러냐? 분명히 안중근 의사에겐 "잠깐만 기다리세요"라고 했을 텐데, 이제 와서 자리에 없다고 하면 대체 누가 그 말을 믿을까? 나는 자리에서 일어나며 안중근 의사를 정중히 모셔 오도록 했다.

"오랜만이오."

"그, 그렇군요. 그런데 여, 여긴 무슨 일로?"

"이 사람, 갑자기 왜 말을 더듬고 그래? 내가 무료 변론만 맡겨서 보기도 싫다, 이거요?"

"아니, 뭐 꼭 그렇다기보다……."

"아니긴 뭐가 아니오? 이 변호사 속이 뻔히 들여다보이는데. 아무튼 이 변호사가 이번에 또 변론을 맡아 줘야겠소."

나는 그만 기절을 할 뻔했다.

"또 맡아야 할 사건이 있단 말입니까? 아니요, 앞으론 절대 무료 변론 같은 건 맡지 않을 겁니다."

"다 나라와 민족을 위한 일이니 애국지사의 마음가짐으로 한번 맡지 그러시오?"

"나라와 민족요? 그런 거 챙기다가 난 굶어 죽으라고요? 사무실 임대료에 직원들 월급이 잔뜩 밀렸단 말입니다."

"허허! 누가 또 무료로 해달라고 했나? 이번엔 내가 일본 정부를 상대로 거액의 배상금을 요구하는 소송을 제기할 작정이오. 배상금

을 받으면 그중 30%는 이 변호사한테 주겠소."

그 말에 나는 다시 한 번 놀라며 물었다.

"정말이죠? 대체 무슨 사건인데요?"

"일본의 쓸개 빠진 자들이 수십 년 전부터 독도 영유권을 주장하고 있잖소? 내가 한국인을 대표해서 두 번 다시 영유권을 주장하지 못하게 소송을 하겠단 말이오. 어때, 한번 도전해 볼 마음이 들지 않소?"

1909년, 일본인들의 간담을 서늘하게 했으면서도 수많은 일본인들의 존경을 받았던 안중근 의사가 소송을 제기하면 승리할 확률 99%다. 그렇다면 나는 역사공화국 최고의 변호사가 될 뿐 아니라 엄청난 수익도 올릴 수 있는 거다. 역시 우리의 영웅 안중근 의사야!

왜 안중근은 이토 히로부미를 죽였을까?

서울 남산의 안중근의사기념관

서울 남산에 가면 우리 민족의 여러 인물들을 만날 수 있습니다. 신라 시대의 김유신 장군 상도 있고 김구 선생의 동상도 있지요. 특히 남산에는 하얼빈 의거를 일으켰던 안중근 의사를 기념하는 기념관이 있습니다. 1910년 3월에 만주의 뤼순 감옥에서 순국한 안중근 의사를 기리기 위해 지어진 이 기념관에는, 구국의 염원으로 가득했던 안중근 의사의 32년 삶이 고스란히 녹아 있습니다.

안중근의사기념관 중앙 홀에는 안중근 의사의 대형 좌상이 있습니다. 그리고 관람 후 안중근 의사를 추모할 수 있도록 추모실이 마련되어 있습니다.

전시실은 크게 세 군데로 나누어져 있는데, 제1전시실에는 안중근 의사가 출생했던 당시의 시대 상황을 알 수 있는 자료들이 전시되어 있습니다. 1875년의 운요호 사건부터 1876년의 강화도 조약, 1895년의 명성 황후 시해 사건, 1904년의 러일 전쟁, 1905년의 을사조약까지, 우리 민족이 겪어 온 시련을 살펴볼 수 있습니다.

제2전시실에선 재산을 털어 삼흥 학교와 돈의 학교를 운영했던 안중근 의사의 교육 활동과, 해외로 망명해 벌였던 의병 항쟁에 대해 알아볼 수 있습니다. 특히 1909년에 열한 명의 동지들과 '국가를 위해 몸을 바치고 국권을 회복하자'며 맺은 단지 동맹의 진면모를 들여다볼 수 있습니다.

안중근 의사 하면 떠오르는 하얼빈 의거 자료는 제3전시실에 전시되어 있습니다. '한국의 독립과 동양 평화 유지를 위해 이토 히로부미를 살해했다'는 하얼빈 의거의 이유와 함께, 이후 안중근 의사의 법정 투쟁 기록, 옥중에서 남긴 글, 안중근 의사의 순국까지 이곳에서 살펴볼 수 있습니다.

이외에도 2층의 '체험 전시실'에선 안중근 의사에게 편지를 쓰거나 단지 동맹 혈서 엽서를 만드는 등 다양한 체험을 할 수 있습니다.

찾아가기 **관람 시간** 3월~10월 10:00~18:00, 11월~2월 10:00~17:00
(종료 1시간 전 입장 마감 / 휴관일 : 월요일, 1월1일, 설날, 추석)
문의 02-3789-1016, 1026

안중근 의사 동상

안중근의사기념관 전경

『역사공화국 한국사법정 53 왜 안중근은 이토 히로부미를 죽였을까?』
와 관련한 논술 문제를 풀어 봅시다.

※ 다음 제시문을 읽고 물음에 답하시오.

(가) 안중근은 1909년 동지 열한 명과 비밀 조직을 만들었다. 그리
    고 서로의 마음과 힘을 모은다는 의미에서 손가락을 잘라 흐르
    는 피로 결심을 공고히 하고자 하였다.
    　"오늘날 우리 대한국인이 국가가 위급하고 국민이 멸망할 지
    경에 이르렀는데도 사람들은 말로만 애국을 한다, 나라를 구한
    다고 떠들어 댄다. 그래서 오늘 우리는 나라를 구하기 위해 몸과
    마음을 다 바칠 것을 결심하고 모임을 만들었다. 그리고 우리의
    손가락을 끊어 그 결심이 앞으로도 변하지 않게 하려 한다."

(나) 조선조의 문물 제도를 개혁하려는 움직임의 일환으로, 1895년
    1월 김홍집 내각에선 성년 남자의 상투를 자르도록 명령을 내
    렸다. 정부가 단발령을 내린 이유는 '위생에 이롭고 작업에 편리
    하기 때문'이었다. 하지만 '신체·머리털·살갗은 부모로부터 물
    려받은 것으로서 감히 훼상하지 않는 것이 효의 시작이다'라고
    여기고 있던 백성들은 단발령에 크게 반발했다.

1. (가)는 '단지 동맹'에 대한 내용이고 (나)는 '단발령'에 대한 내용입니다. (가)는 손가락을 잘라 나라에 충성하는 모습을 보여 주고 있고, (나)는 머리카락을 자르지 않음으로써 효를 다하는 모습을 보여 줍니다. (가)와 (나)의 입장 중 하나를 골라 이를 지지하는 글을 써 보시오.

※ 다음 제시문을 읽고 물음에 답하시오.

쑨원 위안스카이 장제스

(가) 공은 삼한을 덮고 이름은 만국에 떨치나니. 100살의 삶은 아니나 죽어서 천추에 드리우리. 약한 나라 죄인이요 강한 나라 재상이라. 그래도 처지를 바꿔 놓으니 이토도 죄인 되리.

— 쑨원

(나) 평생을 벼르던 일 이제야 끝났구려. 죽을 땅에서 살려는 건 장부가 아니고말고. 몸은 한국에 있어도 만방에 이름 떨쳤소. 살아선 100살이 없는 건데 죽어 1000년을 가오리다.

—위안스카이

(다) 장렬천추: 장렬한 뜻 천추에 빛나다.

—장제스

왜 안중근은 이토 히로부미를 죽였을까?

2. (가)~(다)는 안중근의 하얼빈 의거 이후 중국 정치인들이 보인 반응을 적은 것입니다. 당시의 시대상을 생각하며 안중근 의사의 의거에 대해 세계사적 의의를 써 보시오.

해답 1 (가)의 내용에서 조국을 구하고자 하는 결심을 굳게 하고자 왼손 넷째손가락 마디 하나를 자른 안중근의 모습을 볼 수 있습니다. 안중근은 손가락에서 흐르는 피로 태극기 한쪽에 첫 글자인 '대'를 쓴 것으로 알려져 있지요. '손가락을 끊었다'는 의미에서 '단지동맹'이라고 이름을 붙였습니다. 그리고 (나)는 당시의 실정을 고려하지 않고 정부에서 일방적으로 시행했던 단발령에 대한 것입니다. 단발령은 머리카락을 길러 상투를 틀었던 오랜 전통을 무시하고 머리카락을 자르도록 지시한 것이지요. 하지만 단발 강요에 대한 반감은 개화 자체에 대한 증오로 발전하였고, 이는 일본에 대한 극도의 반감으로 표출됩니다.

이렇듯 (가)와 (나)는 달라 보이지만 그 뿌리는 결국 하나로서, 나라를 지키고 외세에 굴하지 않는 정신이라 할 수 있습니다. 따라서 (가)에서 안중근이 손가락을 잘라 구국의 신념을 불태운 것도, (나)에서 우리 민족이 머리카락을 지키며 일본에 저항한 것도, 같은 의미의 항일 운동이었다고 할 수 있습니다.

해답 2 (가)를 얘기한 쑨원은 중화민국의 정치가로 신해혁명 후에 임시 대총통으로 추대되었으나 위안스카이에게 정권을 양보한 인물입니다. 약한 나라와 강한 나라로 나뉜 세태를 풍자하며 안중근 의사의 의거를 기리고 있지요. 여기서 '이토'는 '이토 히로부미'를 가리킵니다. (나)를 얘기한 위안스카이는 중국의 정치가로 의화단 사

왜 안중근은 이토 히로부미를 죽였을까?

건 후 총독, 북양대신이 되었고 이후 대총통에 취임했습니다. 평생에 벼르던 일을 해냈다고 안중근 의사의 의거를 칭송하고 있습니다. (다)를 쓴 장제스는 중국의 군인이자 정치가로 중화민국 총통을 지냈습니다. 안중근 의사의 뜻이 장렬하다고 평하고 있습니다.

이렇듯 안중근 의사의 의거는 우리 민족에 국한된 일이 아니었습니다. 왜냐하면 일본이 대만을 공격하고, 우리나라를 침탈한 데 이어, 만주는 물론 중국까지 넘보고 있었기 때문이지요. 따라서 동북아시아의 평화에 위협적인 존재가 되었던 이토 히로부미를 저격하고 경각심을 일깨워 준 안중근 의사의 행동은 세계사적으로도 큰 의의가 있다고 할 수 있습니다.

* 해답은 예시로 제시된 내용입니다.

역사공화국 한국사법정 53

왜 안중근은 이토 히로부미를 죽였을까?

© 이정범, 2012

초판 1쇄 발행일 2012년 7월 30일
초판 6쇄 발행일 2023년 5월 1일

지은이   이정범
그린이   박종호
펴낸이   정은영

펴낸곳   (주)자음과모음
출판등록 2001년 11월 28일 제2001-000259호
주소   10881 경기도 파주시 회동길 325-20
전화   편집부 (02) 324-2347 경영지원부 (02) 325-6047
팩스   편집부 (02) 324-2348 경영지원부 (02) 2648-1311
이메일   jamoteen@jamobook.com

ISBN 978-89-544-2353-3 (44910)